U0568821

100 Questions
and Answers
about Electronic
Records
Management

# 电子文件管理 100 问

冯惠玲　主编

100 Questions
and Answers
about Electronic
Records
Management

中国人民大学出版社
·北京·

## 编委会

**编著**

冯惠玲　刘越男　钱　毅　张　宁　夏　天
马林青　谭啸宇

**编审**

任守信　张景瑞　蔡学美　方　昀　姚思远

# 前　言

为加强电子文件管理，国家电子文件管理部际联席会议办公室于2012年2月委托中国人民大学编写电子文件管理知识读本（后定名为《电子文件管理100问》）。该读本主要面向负责电子文件形成、管理和利用的工作人员、信息技术人员和领导干部，旨在普及电子文件管理领域最基础和关键的知识，帮助读者了解国内外电子文件管理的发展情况，掌握电子文件管理的基本技能，增强电子文件管理意识，提高电子文件管理能力。

作为我国电子文件管理领域的第一本科普性读物，本书在内容选择、写作风格、编排方式等方面都与一般的教材有所不同。在内容方面，本书选择了与电子文件管理相关度最高的问题，让读者切实了解电子文件及其管理的概念、原理、方法、现状和政策要求。在写作风格上，作者尽量以简洁、平实、通俗的语言深入浅出地阐述，减少学术研讨和理论探究，注重实际操作，辅之以实例示范和相关图表，以适应不同读者的要求。在编排方面，本书采取"题目问答"的形式传播知识，各问题按照"篇"归类展开，各篇下的问题按照从总到分、由浅入深的顺序设置，所有103个问题大流水排列，读者们既可以从前到后线性阅读，也可以根据问题直接寻找答案。

全书由4个篇章组成。"概述篇"就电子文件及其管理的基本概念、特点进行总体介绍，让读者建立关于电子文件及其管理的整体印象。其下的17个问题包括电子文件的概念，电子文件的构成、种类、特点、生命周期，电子文件的质量目标、重要性，电子文件管理的原则、理念、内容、现状等。"管理业务篇"阐述了电子文件生命周期中各项主要管理活动的方法和要求,揭示电子文件管理工作的专业性所在。其下的 44 个问题涉及电子文件形成、捕获、归档、分类、鉴定、处置、长期保存、检索利用等核心管理活动在时间、质量、方式方法上的要求。"技术与安全篇"介绍电子文件管理所用的主要系统、关键技术和安全管理方法。其下的 31 个问题涉及电子文件管理的系统形态、功能模型和要求、国际标准、实现方式,元数据的概念、模型和设计,以及电子文件安全管理的内容和要求。"标准篇"的 11 个问题主要介绍了国内外电子文件管理标准建设的情况。

国家电子文件管理部际联席会议办公室作为我国电子文件管理的协调指导机构,高度重视本书的编写工作。中国人民大学信息资源管理学院、中国人民大学电子文件管理研究中心的研究团队承担了本书的编写任务。中国人民大学常务副校长、中国人民大学电子文件管理研究中心主任冯惠玲教授担任本书主编,中国人民大学刘越男副教授、钱毅副教授、张宁副教授、夏天副教授、马林青博士以及中共中央办公厅信息中心的谭啸宇参加了本书的研讨和编写。本书第一篇由冯惠玲、马林青和刘越男执笔，第二篇由刘越男、钱毅、张宁、夏天和马林青执笔，第三篇由钱毅和刘越男执笔，第四篇由钱毅、马林青、谭啸宇执笔。冯惠玲、张宁设计了本书的框架，全书由刘越男统稿，冯惠玲审定。国家电子文件管理部际联席会议办公室及有关专家任守信、张景瑞、蔡学美、方昀、姚思远等承担了本书的编审。祁天娇同学协助进行了一些文字整理工作。中国人民大学出版社的潘宇女士、宋义平先生对本书的出版给予了大力支持，并付出了辛勤劳动。在此一并表示诚挚的感谢！

  世界范围内电子文件管理理论和实践发展迅猛，新的情况和技术方法不断涌现，本书编写任务重，时间紧，很多方面不尽完善，部分内容甚至可能存在谬误。恳请读者提出宝贵意见，作者将努力跟随、追踪前沿，及时修订此书，使其日臻完善。

冯惠玲

2013 年 6 月

# 目　录

**概述篇**

1. 什么是电子文件 …………………………… 3
2. 电子文件有哪些特点 ……………………… 6
3. 电子文件的要素是什么 …………………… 9
4. 什么是电子文件生命周期 ………………… 12
5. 电子文件的常见种类有哪些 ……………… 14
6. 电子文件与计算机文件的关系 …………… 16
7. 电子文件与电子档案的关系 ……………… 18
8. 电子文件的作用是什么 …………………… 21
9. 电子文件作为法律证据的依据是什么 …… 24
10. 电子文件管理的基本目标是什么 ………… 27
11. 电子文件管理理念是什么 ………………… 30

12. 电子文件管理的基本原则是什么 …………………… 34
13. 电子文件管理有哪些基本内容 …………………… 36
14. 我国电子文件管理经历了哪些阶段 ………………… 38
15. 我国电子文件管理现行体制是什么 ………………… 42
16. 近期我国电子文件管理的主要任务有哪些 ………… 44
17. 近年来我国主要开展了哪些电子文件管理工作 …… 47

## 管理业务篇

18. 电子文件管理主要业务活动有哪些 ………………… 53
19. 电子文件的形成包括哪些工作内容 ………………… 55
20. 电子文件形成过程的管理要求是什么 ……………… 58
21. 如何识别电子文件 …………………………………… 60
22. 什么是电子文件的版本 ……………………………… 63
23. 为什么需要开展电子文件的版本控制 ……………… 65
24. 如何进行电子文件的版本控制 ……………………… 67
25. 什么是电子文件的分类 ……………………………… 69
26. 电子文件分类的作用是什么 ………………………… 71
27. 什么是电子文件分类方案 …………………………… 74
28. 电子文件分类的方法是什么 ………………………… 76
29. 建立电子文件分类方案应当遵循什么原则 ………… 79
30. 什么是电子文件的捕获 ……………………………… 83

31. 什么是电子文件的归档 ……………………… 85

32. 电子文件的归档方式包括哪些 ………………… 87

33. 确定电子文件归档范围的原则是什么 …………… 89

34. 电子文件归档范围应该包括哪些内容 …………… 91

35. 归档电子文件的质量要求有哪些 ………………… 93

36. 什么是双套制归档 ……………………………… 95

37. 电子文件的归档时间是如何规定的 ……………… 97

38. 什么是电子文件的移交 ………………………… 99

39. 什么是电子文件的鉴定 ………………………… 101

40. 什么是电子文件的处置 ………………………… 103

41. 什么是电子文件保管期限与处置表 ……………… 105

42. 电子文件价值鉴定的主要方法包括哪些 ………… 107

43. 电子文件销毁的方法主要有哪些 ………………… 109

44. 电子文件长期保存的主要影响因素有哪些 ……… 111

45. 电子文件保存的基本要求有哪些 ………………… 113

46. 主要有哪些电子文件长期保存策略 ……………… 116

47. 如何利用更新策略保存电子文件 ………………… 118

48. 如何利用迁移策略保存电子文件 ………………… 120

49. 如何利用仿真策略保存电子文件 ………………… 122

50. 如何利用封装策略保存电子文件 ………………… 124

51. 应采取哪些管理举措来实现电子文件长期保存 ………… 126

52. 电子文件长久保存格式的要求是什么 ………… 128

53. 如何进行电子文件格式管理 ………… 130

54. 如何选择电子文件的保存载体 ………… 132

55. 磁介质载体的保护应注意哪些方面 ………… 135

56. 光介质载体的保管有何具体要求 ………… 138

57. 电子文件的检索与利用应遵循哪些原则 ………… 141

58. 电子文件检索与一般信息检索有何区别 ………… 143

59. 电子文件检索方法有哪些 ………… 145

60. 电子文件提供利用的常见方式有哪些 ………… 147

61. 档案馆如何开展电子文件的利用工作 ………… 149

## 技术与安全篇

62. 有关电子文件的管理系统有哪些 ………… 153

63. 业务系统应具备哪些电子文件管理功能 ………… 155

64. ERMS 与一般档案计算机辅助管理系统的差别是什么 ………… 156

65. ERMS 的实现方式有哪些 ………… 158

66. ERMS 核心功能是什么 ………… 160

67. 为什么要对 ERMS 开展标准符合性测试 ………… 164

68. ERMS 建设的主要过程包括哪些步骤 ………… 167

69. 电子文件长期保存系统应具备哪些功能 ……… 171

70. 如何理解电子文件长期保存系统的信息模型 … 174

71. 什么是元数据 …………………………………… 176

72. 什么是元数据元素 ……………………………… 178

73. 什么是元数据的语义和语法 …………………… 180

74. 什么是电子文件元数据 ………………………… 182

75. 电子文件的元数据是如何形成的 ……………… 184

76. 电子文件元数据的作用是什么 ………………… 186

77. 什么是电子文件元数据方案 …………………… 188

78. 电子文件元数据管理应包括哪些内容 ………… 189

79. 电子文件元数据管理应该采取何种组织分工 … 191

80. 电子文件及其元数据的关联关系有哪些 ……… 193

81. 电子文件管理元数据的模型是什么 …………… 196

82. 长期保存元数据的模型是什么 ………………… 198

83. 如何设计文件元数据方案 ……………………… 202

84. 影响电子文件安全的主要技术因素有哪些 …… 204

85. 影响电子文件安全的主要自然与社会因素
有哪些 …………………………………………… 206

86. 影响电子文件安全的主要管理因素有哪些 …… 208

87. 如何开展电子文件安全风险评估 …………… 210

88. 如何进行电子文件综合安全管理 …………… 213

89. 什么是电子文件的认证 …………………………… 215

90. 电子文件形成单位如何开展电子文件的访问权限控制 ……………………………………………… 217

91. 电子文件的备份策略包含哪些内容 ………… 219

92. 电子签名在电子文件管理中起什么作用 …… 222

## 标准篇

93. 我国电子文件管理标准体系框架是什么 …… 227

94. 我国相关电子文件管理标准有哪些 ………… 229

95. 我国电子文件管理标准制定主要进展如何 … 232

96. 国际标准化组织出台了哪些电子文件管理标准 ………………………………………………… 234

97. 国际标准 ISO 15489 的主要内容有哪些 ……… 240

98. 国际标准 ISO 23081 的主要内容有哪些 ……… 242

99. 国际标准 ISO 16175 主要内容是什么 ………… 244

100. 我国 GB/T 29194—2012 的主要内容有哪些 … 247

101. 美国 DoD 5015.2 的主要内容是什么 ………… 250

102. 欧盟标准 MoReq2 的主要内容是什么 ………… 252

103. 澳大利亚 VERS 的标准体系主要内容是什么 … 255

# 概述篇

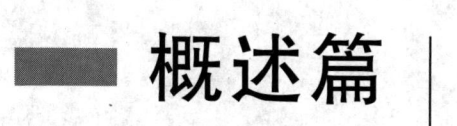

# 1. 什么是电子文件

准确而全面理解电子文件的内涵和外延,是对其展开科学管理的前提。理解电子文件的概念,最重要的字眼在"文件"而非"电子"上。

国际标准 ISO 15489—1:2001《信息与文献 文件管理 第 1 部分:通则》(已被采纳为国家标准 GB/T 26162.1—2010) 3.12 条款指出:"文件"是指"机构或个人在履行其法定义务或开展业务活动过程中形成、接收并维护的作为凭证和具有查考作用的信息"。在这个概念的基础上,我国颁发的规范性文件《电子文件管理暂行办法》(厅字〔2009〕39号)又结合了电子文件的特性,定义如下:"电子文件,是指机关、团体、企事业单位和其他组织在处理公务过程中,通过计算机等电子设备形成、办理、传输和存储的文字、图表、图像、音频、视频等不同形式的信息记录。"上述两个概念一脉相承,后者对机构和电子文件信息的具体形式予以了细化。因《电子文件管理暂行办法》的适用范围是机关、团体、企事业单位和其他组织,故而将个人文件排除在外。本书主要阐述的对象也是组织机构的电子文件。

通过上述概念,我们可以作出如下理解。

(1) 电子文件是电子化业务活动的产物

判断计算机中的信息或数据是否为电子文件的首要标志是这些信息或数据是否应业务需要、在业务活动中产生。比如,网络办公会产生电子公文,计算机辅助设计(computer aided design,CAD)会产生CAD文件,网上购物会产生电子订单、电子划账文件等。

(2) 电子文件是内容稳定的信息凭证

其稳定的内容忠实地记录了特定的业务活动的

过程和结果，因而电子文件也被誉为"业务凭证"，这样的业务凭证一般要由固化的形式来支持。在管理工作中，通常需要采取一定的措施来固定文件的内容和形式，如将.doc格式转化为.pdf格式就是一种比较简单的固化方式。

(3) 电子文件的信息表现方式是多样化的

只要是在业务活动中产生的信息记录，无论其信息表现方式如何，都属于电子文件。其具体表现方式包括但不限于文字、图表、图像、音频、视频等。

## 2. 电子文件有哪些特点

(1) 信息的非人工识读性

电子文件第一次使用了人工不可识读的记录符号——数字代码,即人无法直接识读和理解的经过复杂编码的"比特"。此外,数字信息在传输、存储中有时会经过压缩、加密等处理。只有通过计算机特定的程序解码、解压或解密,才能人工识读它。

(2) 系统依赖性

电子文件的制作、处理,以至归档后的全部管理活动都必须借助于计算机系统才能实现,不兼容的计算机和应用软件生成的文件在交换使用时会遇到很大困难。当生成一份文件的软件而运行该软件的操作系统和硬件更新换代以至与原系统不兼容时，我们只有采取格式迁移、仿真等措施，才能确保该份文件的可读性。

（3）信息与特定载体之间的可分离性

电子文件中的信息不再对原记录载体"从一而终"，不再具有物理意义上的固定实体状态，也不再具有固定的物理位置，而是可以在不同的载体上同时存在或相互转换，却不影响其内容的真实。

（4）信息的易变性

操作的方便性使得文件信息的改动较为容易，比如气象观测图形在不同的时间段会有不同的结果。此外，电子文件载体性能的不稳定性，新的信息编码方案、存储格式、系统软件的不断出现，都可能导致原有文件信息在读取时产生变化。信息的易变性对于电子文件的识别、真实性维护都提出了挑战。

（5）信息存储的高密度性

电子文件的信息存储密度大大高于以往各种人工可识读的信息介质。随着技术的进步，数字介质的存储密度还将继续加大。根据国际商业机器(IBM)公司2011年的预计,到2020年,1U机架硬盘的容量可能达到1PB,即可以容纳现在1 250个相同规格硬盘的容量。

(6) 多种信息媒体的集成性

电子文件可以将文字、图形、图像、影像、声音等各种信息形式加以有机组合,图、文、声、像并茂,能够更加真实地再现当时的活动情况,从而强化文件对社会活动的记忆和再现功能。

## 3. 电子文件的要素是什么

关于文件的构成要素,国际文件、档案管理领域有多种观点。其中被广为接受的是国际档案理事会电子文件委员会于 1997 年在《电子文件管理指南》中提出的文件三要素观,即文件由内容(content)、结构(structure)和背景(context)三要素构成。

(1) 内容

内容指的是文件中所包含的表达作者意图的信息。

(2) 结构

结构指的是文件内容信息的组织方式和表达方式，组织方式如正文和附件，表达方式如格式、载体等。

(3) 背景

背景指文件所处的环境。文件的背景信息包括文件之间的相互关系、形成文件的业务活动、文件的技术环境等。

以一份总经理办公会议的电子会议纪要为例，会议纪要所记载、传达的总经理办公会议情况和议定事项是其内容；该会议纪要的页面布局是其结构信息；会议纪要的发布时间是背景信息，总经理办公会议通知、会议材料等构成了该会议纪要的文件关系背景，总经理办公会议是形成该会议纪要的业务活动背景。

再以一份向部门领导请示工作的电子邮件为例，该请示的具体事项是其内容；电子邮件的附件是其结构信息；该电子邮件的发送时间、发信人地址、收信人地址等是其背景信息，部门领导的回复邮件构成了该请示邮件的文件关系背景。

"文件是其内容、结构、背景的统一体"的观点对于识别电子文件很重要。一份完整的电子文件应具备内容、结构、背景三要素。

# 4. 什么是电子文件生命周期

电子文件从其形成到销毁或永久保存是一个完整的、不可割裂的运动过程,这个过程被称为电子文件生命周期(life cycle)。

电子文件生命周期可以根据文件的功能和价值形态的变化划分为若干阶段,如现行期、半现行期、非现行期。不同阶段的电子文件管理措施的侧重点不同,对不同阶段的管理需求应予统筹满足。

电子文件在每一阶段因其特定的功能和价值形态而具有不同的服务对象和服务方式,但电子文件运动的阶段性与其物理位置、保存场所没有必然的对应关系。

对电子文件生命周期全程的管理和监控措施由相关的管理系统实现,因此电子文件管理活动应该向前延伸到管理系统的设计阶段。

# 5. 电子文件的常见种类有哪些

按信息表现形态,电子文件可以分为文本文件、图形文件、图像文件、影像文件、声音文件、数据文件和多媒体文件等。随着计算机技术的不断发展,不同类型文件之间的融合存储现象也越来越多,文件类型之间的界线日益模糊。比如,Word 格式的文件是典型的文本文件,但当文件中内嵌了图像、声音、视频等内容后,也可以看作多媒体文件。

按生成方式,电子文件可以分为原生性电子文件和数字化电子文件。前者在计算机系统中直接形成,其信息的最初形态是数字形式的,例如在办公自动化(OA)系统中起草、发布、流转的发文,电子邮件、计算机辅助设计(CAD)文件等;后者的原始形态是模拟文件,经由数字设备从源文件(如纸质文件、模拟录音文件等)转换形成。

按生成系统,电子文件可以分为电子公文、数据库文件、电子邮件、网页文件等。随着社会媒体的广泛应用,政府机构与公众进行互动的微博信息在有些国家(如美国、加拿大、澳大利亚等)已经被当作电子文件。

按业务领域,电子文件可以分为通用电子文件和专门电子文件。前者主要形成于行政管理、财务管理、人力资源管理等各机构都具有的通用业务领域;后者主要形成于机构所特有的业务领域,如保险公司的保险业务、房地产公司的工程项目建设等。

# 6. 电子文件与计算机文件的关系

计算机文件是为操作系统所知的、已命名的、有序的字节序列,是计算机操作系统管理信息的基本单位,如 2G 的电影、一份空白的 .doc 文档都是计算机文件的形式。计算机文件和电子文件是两个角度、两个专业领域的术语,不能将两者等同。

只有应业务需要、在业务活动中产生的计算机文件才可能是电子文件。两者可能一一对应,比如一张拍摄单位重要活动的数码照片、一份电子发文、一封不带附件的商业邮件等；也可能不一一对应，比如一份包含 HTML、CSS、JPEG 图片的对外公告网页，一份嵌入外部音频、视频的年度报告，包含被转发件的转发件等。

# 7. 电子文件与电子档案的关系

在我国文件、档案管理领域，对于文件有两种理解：一种是狭义的理解，也称为"小文件观"，即"文件"特指还在业务活动过程中的业务记录，而归档之后的文件则被称为"档案"，这种观点在实际工作中比较普及，甚至在有些单位，"文件"更被缩小为仅指称归档之前的公文；另一种是广义的理解，也称为"大文件观"，这个概念涵盖文件从产生到最终永久保存或销毁的整个过程，其中具有保存价值的文件被称为"档案"，在这种观点中，文件包含档案。

电子文件的概念以"大文件观"为基础,涵盖文件生命周期全过程。其中具有保存价值(也称档案价值)的称为"电子档案"、"电子归档文件"或"电子档案文件"。电子文件和电子档案的关系如图1所示。

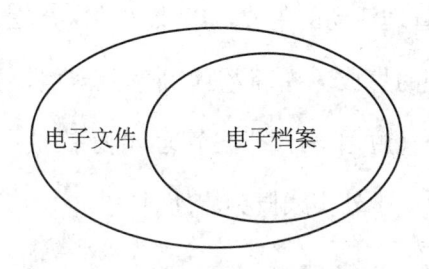

**图1 电子文件和电子档案的关系**

电子文件和电子档案的区别如下。

(1) 价值的区别

电子档案除了强调凭证价值之外,还强调档案价值,即超出业务周期的保存价值。在业务结束之后,不再有保存价值的电子文件不是电子档案。电子文件的概念则侧重于凭证价值,不论其保存期限的长短。电子文件可以只有临时的保存价值,在业务结束之后便失去保存价值,如会议通知、设计草稿等。

(2) 时间的区别

电子档案这个概念只涵盖归档之后的文件生命阶段，这个阶段基本上都在业务活动结束之后。而电子文件则可以涵盖整个文件生命周期。

全程使用电子文件的概念，可以促进各项文件（档案）管理活动的集成，以及文件（档案）管理与业务管理的集成，提高整体效率。当然，我们也应该注意，文件管理和档案管理本身就是一个学科、一个专业。中外实践概莫能外。

# 8. 电子文件的作用是什么

(1) 电子文件是信息社会交往的基本工具

人类在开展社会交往、实践活动的过程中，需要进行信息的传递。文件不是零碎的信息片段，而是完整的业务凭证；不是任意剪辑的信息，而是业务过程和结果的真实记录。可以说，离开了电子文件，信息社会就失去了可信的信息基石。然而，目前很多数字信息的管理，仅着眼于眼前操作的方便，未从文件管理的角度加以思考，导致信息社会发展的根基不牢。

（2）电子文件是业务活动高效、持续开展的助推器

作为业务活动、社会交往的工具，电子文件能够促使机构或个人以有序、高效、负责的方式开展业务活动。电子文件也是开展业务活动所需的重要信息源，这些信息可以为业务决策及其后续活动提供有力支持，并能在机构运作遭遇突发事变时，提供持续运作的可能性。

（3）电子文件是维护机构合法权益、规避风险的保护伞

电子文件忠实记录了业务活动的过程和结果，证明机构业务活动对法律、法规的遵从，满足外部审计、监督的要求；并为法律诉讼提供证据支持，降低法律风险及其连带的经济、名誉等其他风险，从而维护机构及其员工、客户等的合法权益。

（4）电子文件是人类社会记忆和文明的新型载体

人类的历史文化、社会记忆传承，很大程度上依赖于个人文件和机构文件的归档和留存。数字环境下，电子文件已成为社会记忆和文化传承的重要

载体。电子文件的流失,将严重损害社会记忆的延续性,造成历史的空白。在电子文件管理的短暂历史上,已经发生过不少这样的教训。比如:民主德国(东德)产生的包括行政文件、农业文件、劳工资料、监狱登记册、人事案卷在内的成千上万份电子文件,在德国统一之后,由于诸多原因不能读取,虽经全力抢救仍无法挽回,造成了东德历史的一段空白。

# 9. 电子文件作为法律证据的依据是什么

我国顺应信息时代证据形式的发展趋势,通过法律法规的制定与更新,为电子文件法律证据地位的确立提供了依据,主要见于《中华人民共和国电子签名法》、《中华人民共和国合同法》、《中华人民共和国民事诉讼法》、《中华人民共和国刑事诉讼法》等。

1999年10月1日施行的《中华人民共和国合同法》明确规定了电子合同是书证的一种形式。

2003年国务院办公厅颁布的行政规章《电子公

文传输管理办法》(国办函〔2003〕65号)对特定条件下电子公文的凭证作用予以明确,该规章指出:国务院办公厅统一配置的电子公文传输系统处理后形成的具有规范格式的公文的电子数据与相同内容的纸质公文具有同等法定效力。

2005年4月1日施行的《中华人民共和国电子签名法》规定了"数据电文不得仅因为其是以电子、光学、磁或者类似手段生成、发送、接收或者储存的而被拒绝作为证据使用"。

根据2012年3月14日第十一届全国人民代表大会第五次会议《全国人民代表大会关于修改〈中华人民共和国刑事诉讼法〉的决定》以及2012年8月通过的《全国人民代表大会常务委员会关于修改〈中华人民共和国民事诉讼法〉的决定》,我国两大诉讼法均将电子证据作为一种新的证据类型,与当事人的陈述、书证、物证、视听资料、证人证言、鉴定意见、勘验笔录等共同构成证据体系。这次法律的修改与最高人民法院十年前的司法解释相比,对于电子证据的证据类型做出了重大修改。2002年4月1日起施行的《最高人民法院关于民事诉讼证据的若干规定》以及2002年10月1日起施行的《最高人民法院关于行政诉讼证据若干问题的规定》,都将计算机数据归入视听资料的证据类型。

所以,我国的法律是承认电子文件的证据地位的。

# 10. 电子文件管理的基本目标是什么

根据《电子文件管理暂行办法》,电子文件管理的基本目标是维护电子文件的真实性、完整性、可用性和安全性。

(1) 真实性

文件的真实性表现在两个方面:一是文件在形成过程中的真实,即某一份文件客观反映和真实记录了机构业务活动;二是文件在形成之后的真实,表现为文件在业务结束之后的生命周期里未被更改,仍然保持其在产生时的本来面貌。

(2) 完整性

电子文件的完整性主要包括两个方面的含义：第一，每一份电子文件的内容、结构和背景信息都没有缺损；第二，作为记录机构活动真实面貌的、具有有机联系的多份电子文件及其他形式的相关文件数量齐全，文件之间的有机联系得以揭示和维护。

(3) 可用性

文件的可用性指的是文件可以被查找、检索、呈现或理解。电子文件的可用性表现在三个方面：第一，电子文件是可以查询到的。用户借助于特定的途径和工具可以查找到有关文件的信息，定位是准确的。第二，电子文件信息是可以利用的。即用户可以通过下载、浏览、打印、复制等合法手段操作电子文件，达到利用的目的。第三，电子文件是可读的，也称可再现的、可还原的。即电子文件经过存储、传输、压缩、加密、载体转换、系统迁移等处理后，能够以人可以识读、可以理解的方式输出。

（4）安全性

电子文件的安全性指的是电子文件在产生、传输、使用等过程中载体和信息的安全性。这意味着电子文件的载体未被破坏，其内容、结构、背景信息等未被非法访问、非法获得、非法操作等。

# 11. 电子文件管理理念是什么

国内外最佳实践表明,电子文件管理应坚持全程管理、前端控制、业务驱动、集成管理、动态管理、注重效益、风险管理、资产管理等先进的管理理念。

(1) 全程管理

全程管理指的是在电子文件从产生到永久保存或销毁的整个生命周期中进行的全面的、系统的、过程的管理,涉及电子文件的流程、管理规则、管理方法以及质量要求,注重电子文件生命周期内各个阶段所有管理活动和管理要素的统筹兼顾。

(2) 前端控制

也称前端介入。在电子文件生命周期中，文件的形成是前端，归档保存或销毁是后端。前端控制要求对整个管理过程的目标、要求和规则进行系统分析和科学整合，把需要和可能在文件形成阶段实现或部分实现的管理功能尽量在文件形成阶段实现。例如，机构将电子文件的归档范围和归档要求设计在电子文件形成系统之中，属于该范围的电子文件一经生成就被加上归档标识，系统具备防止非法修改和删除的功能，并生成相应的描述信息，从而确保其安全留存和内容真实。

(3) 业务驱动

业务驱动即文件管理以促进机构业务活动的持续开展为目的。该管理理念要求从形成文件的业务活动出发，关注形成文件和使用文件的业务背景，将文件流与业务流相集成。业务驱动的管理理念支持基于业务的文件捕获、分类、鉴定、处置、元数据管理、权限管理，支持全程管理和前端控制的实现。

(4) 集成管理

电子文件的集成管理是将与电子文件形成、归档、保存等管理活动有关的要素进行合理的互联与组合,从而实现最佳整体效益。集成管理要求实现各项文件管理活动的集成,实现文件管理与其他信息管理的集成,实现文件管理与业务管理的集成。

(5) 动态管理

从绝对意义上来看,电子文件处于不断变化的过程中,比如从一个载体到另一个载体,从一种格式到另一种格式,从一个系统环境到另一个系统环境。在这个环境中,电子业务凭证的管理面临巨大挑战,必须也只能"以动制动",即对电子文件全程加以监控,以动态适应性的管理措施实时应对电子文件形成、归档、保存过程中发生的变化和对管理工作提出的新要求,以保证管理目标的实现。

(6) 注重效益

机构在电子文件管理中要注意对其全过程的投入产出比进行分析,以此评价电子文件管理系统或管理过程的效益状况,力求使效益最大化。权衡电子文件管理的投入产出,既要考虑当前的支出和收益，也要考虑未来的日常支出和长远效果。另外，也不应只做财务上的成本核算，还应综合考虑法律、文化、名誉等软性因素。

(7) 风险管理

文件管理过程中存在很多风险，如信息失存、失真、失密、不可读取等，电子文件管理风险的危险程度和发生频率远大于纸质文件。这要求将风险管理的理念、方法应用在电子文件管理领域，比如通过风险评估来判断文件的保存价值，即将失去文件后导致的风险大小作为判断文件价值大小的重要依据。

(8) 资产管理

电子文件既是机构重要的信息资产，也是国家重要的信息资产。应用资产登记、资产审计等资产管理的方法对文件进行管理，使属于机构的资产通过有效的方式为机构所掌握，而不是分散在个人电脑中，使属于国家的资产通过有效的方式为国家所掌控，而不是仅为部门所拥有，仅服务于部门利益。

## 12. 电子文件管理的基本原则是什么

电子文件管理应当遵循信息化条件下电子文件形成和利用的规律,坚持下列基本原则。

(1) 统一管理

对电子文件管理工作实行统筹规划,统一管理制度,对具有保存价值的电子文件实行集中管理。电子文件的统一管理强调的是管理要求的一致性,而非实体存储的集中。

(2) 全程管理

对电子文件形成、办理、传输、保存、利用、销毁等实行全过程管理，确保电子文件始终处于受控状态。全程管理原则和统一管理原则互相呼应，要求各单位注重电子文件生命周期各阶段管理行为的连续性和衔接性。

(3) 规范标准

制定统一标准和规范，对电子文件实行规范化管理。本书"标准篇"中较为详细地罗列了国内外电子文件管理制度建设的情况，各单位可以根据自己的需要选择应用。

(4) 便于利用

发挥电子文件高效、便捷的优势，对有价值的电子文件提供分层次、分类别共享应用。

(5) 安全保密

按照国家有关法律法规和规范标准的要求，采取有效技术手段和管理措施，确保电子文件信息安全。电子文件被保护的安全程度应与其综合价值一致。应根据技术的变化对安全防范体系进行相应的改变，动态地、实时地对电子文件进行保护。在保证电子文件机密安全的情况下，应能够方便快捷地使用电子文件。

# 13. 电子文件管理有哪些基本内容

电子文件管理可以分为宏观和微观两个层次。宏观层次的电子文件管理指国家相关主管部门对所有机构电子文件管理工作的管理，包括建立电子文件管理体制，制定电子文件管理法规、标准，监督检查法规、标准的执行等。微观层次的电子文件管理指的是文件形成机构内的电子文件管理，包括业务层、系统层、支撑层三个相互依存的层次。

（1）业务层

即电子文件管理活动层。电子文件管理活动涵盖其整个生命周期，主要包括电子文件的识别、版本控制、捕获、分类、鉴定、处置、移交、长期保存、检索、利用等。电子文件形成单位和保存单位（如档案馆）的电子文件管理业务有所区别。

（2）系统层

指电子文件管理的系统建设工作。包括电子文件形成系统（业务系统）、电子文件管理系统、电子文件长期保存系统的设计或采购、系统实施、系统的运营维护等。电子文件的管理只有在系统中才能够实现，电子文件管理的业务方法要依赖系统才能实现。

（3）支撑层

该层为电子文件管理业务和系统建设提供支撑，其主要工作内容包括制定文件管理规划、建立文件管理制度、设置合适的组织结构、开展文件管理培训等。

# 14. 我国电子文件管理经历了哪些阶段

我国电子文件管理大致经历了三个发展阶段。

（1）起步阶段

我国电子文件管理起步于对信息化发展的积极回应，时间跨度大约从 1990 年至 2000 年。20 世纪 80 年代末 90 年代初，信息化走在前面的业务领域，提出了电子文件管理的要求，相关部门积极应对。1992 年国家科学技术委员会在推动我国"计算机辅助设计（CAD）应用工程"的过程中，突出"甩掉图板、甩掉图库"的"双重甩"目标。这意味着设计文件将以电子的方式产生和保存。为了应对这一挑战，1996年国家档案局成立了电子文件归档与电子档案管理研究领导小组，集合有关力量开展相关研究，陆续开展CAD电子文件和办公类电子文件管理试点，1999年出台档案领域的第一个国家标准《CAD电子文件光盘存储、归档与档案管理要求》(GB/T 17678.1~2—1999)，同年编著出版了《电子文件归档与电子档案管理概论》等教材。

(2) 发展阶段

21世纪之后，随着信息化进程的深入，相关制度规范不断出台，《电子文件归档与管理规范》(GB/T 18894—2002)的颁布引发了地方制定相关实施细则的高潮，行政、建筑、航天、测绘、核电等领域也先后将电子文件归档作为规范的切入点，推动了电子文件归档管理的实践。然而，在很多政策法规为电子文件产生、处理、交换提供越来越全面的保证的同时，我国继续沿袭纸质文件形成和归档分段管理、各自为政的模式，涉及归档管理的大多政策仍然强调电子文件打印成纸质文件双套归档、双套保存。电子文件全程管理的不衔接成为制约电子文件管理的瓶颈。这样被动而保守的策略，使得电子环境下精细化的文件管理方法显得复杂而多余。电子文件管理实践陷入一种进展迟缓的黏着状态。

（3）统筹阶段

2007年，以中国人民大学信息资源管理学院教师为主体的中国档案学会课题组承担了中国科学技术协会重点课题"电子文件管理机制"研究，提交了《关于加强我国电子文件科学管理的报告》。2008年7月26日，时任国务院总理温家宝同志对该报告给予了充分肯定，并做出专门批示，要求有关部门认真参考、研究这一研究成果。2008年9月，中共中央办公厅牵头成立了包括国务院办公厅、工业和信息化部、国家档案局、国家保密局、中国人民大学信息资源管理学院等单位组成的《电子文件管理暂行办法》领导小组与工作小组，全程参与全国调研与文件起草工作。2009年12月8日，中共中央办公厅、国务院办公厅联合发布了《电子文件管理暂行办法》。作为规范性文件，《电子文件管理暂行办法》兼具政策与法规的双重属性。它表明了国家重视电子文件管理的基本立场，首次在中央文件中确立了电子文件全程管理原则,并从信息化、档案、保密等多个业务角度对电子文件管理过程予以规范。这是党政协调办公机构首次就电子文件管理问题联合发文,标志着我国电子文件管理进入国家战略视野,开始了自顶向下的整体设计和整体推动的新阶段。

# 15. 我国电子文件管理现行体制是什么

在宏观层面上,我国于 2009 年年底根据《电子文件管理暂行办法》建立了国家电子文件管理部际联席会议制度,负责统筹规划和组织协调全国电子文件管理工作,研究制定电子文件管理方针政策,审定电子文件管理规章制度、重要规划、重大项目方案,组织起草相关标准等。目前,国家电子文件管理部际联席会议成员单位包括中共中央办公厅、国务院办公厅、国家发展和改革委员会、工业和信息化部、财政部、国有资产监督管理委员会、国家档案局、国家保密局、国家密码管理局、国家标准化管理委员会等。国家电子文件管理部际联席会议办公室设在国家密码管理局。

在地区部门层面上,各地区各部门相继成立电子文件管理议事协调机构或指定电子文件管理承办机构,统筹规划本地区本部门电子文件管理工作。

其中,各级地方信息化行政管理部门将电子文件管理工作纳入信息化发展规划,为电子文件管理工作提供信息化保障。各级发展改革、机构编制等部门负责为电子文件管理工作提供政策保障,各级财政部门为电子文件管理工作提供资金保障。各级国家综合档案馆负责接收和保管本馆接收范围内各单位形成的具有永久保存价值的电子文件,并依法提供利用。

在微观层面上,电子文件形成单位应当对本单位电子文件管理工作进行统筹规划,建立管理制度,明确管理职责,规范工作流程,落实保障措施。各单位文秘和业务部门负责电子文件日常处理,档案部门负责归档电子文件管理,信息化部门负责为电子文件管理提供信息化支持,保密部门负责涉密电子文件的保密监督管理。

# 16. 近期我国电子文件管理的主要任务有哪些

根据"十二五"时期我国电子文件管理工作规划,近期我国电子文件管理的主要任务包括如下七个方面。

(1) 建立健全电子文件管理体制机制

完善国家电子文件管理部际联席会议制度,充实成员单位,健全工作机制,加强工作机构建设。强化中央和国家机关有关部门的电子文件职能,落实电子文件形成单位的管理职责,强化档案部门管理责任。

(2) 加强电子文件管理法规制度建设

深入分析电子文件在经济社会活动中的立法需求，明确立法原则和思路，适时启动电子文件管理立法工作。研究建立电子文件管理制度体系，颁布电子文件管理制度建设指南。完善电子文件形成与办理、归档与移交、保管与利用等管理制度。制定电子文件管理系统、设备的认证测评、风险评估、装备采购、规范使用等制度，保证其与信息化管理制度的衔接性。

(3) 加快制定完善电子文件管理标准规范

制定电子文件管理标准体系框架，健全电子文件管理国家标准规范，制定电子文件管理术语、格式、标识、分类、元数据、系统建设等标准规范，积极推动涉及国计民生、国家安全等领域的电子文件管理行业标准规范制定。

(4) 规范电子文件管理技术支持系统

将规范电子文件管理系统作为信息化工作的重要任务，规范电子文件形成办理的业务系统、电子文件归档的管理系统、电子文件长期保存的管理系统，同时强化电子文件管理系统的安全保密措施。

（5）开展电子文件管理的认证测评工作

按照国家质量管理认证认可统一要求，充分利用现有认证管理资源，开展电子文件管理服务机构认可工作。由认证许可的测评机构开展电子文件管理系统的标准符合性测评工作。建立电子文件管理能力评估体系，有针对性地开展电子文件管理能力评估工作。

（6）加大电子文件管理宣传教育的力度

利用互联网、宣传片、科普书刊、专题论坛、工作研讨会等形式，宣传电子文件管理工作，增强社会各界电子文件管理意识，探索管理规律，交流工作经验。制定电子文件管理专业人才培养计划，加强电子文件管理教材建设，开展电子文件管理专业教育。

（7）组织电子文件管理理论研究与技术攻关

充分利用高等院校、科研院所和企业的资源，开展电子文件管理的基础理论、应用理论、管理和服务方法的研究，积极开展电子文件标识、元数据管理、信息封装、长期保存等关键技术研究，促进研究成果转化和推广应用。

## 17. 近年来我国主要开展了哪些电子文件管理工作

国家电子文件管理部际联席会议自 2009 年成立以来，主要开展了如下工作。

(1) 逐步完善体制机制

经党中央、国务院领导批准，2009 年年底成立了国家电子文件管理部际联席会议制度，充实了联席会议成员单位，建立了部际联席会议办公室，设立了专门的电子文件管理处。绝大多数省部按照中央要求建立了电子文件管理议事协调机构（或指定专门机构负责）。为加强决策咨询，2011 年成立了国家电子文件管理专家委员会。

(2) 初步建立规章制度

按照急用先行的原则，抓紧制定急需的规章制度。国务院国有资产监督管理委员会印发了《国资委关于推进中央企业电子文件管理工作的指导意见》，填补了中央企业电子文件管理规章制度的空白。国家档案局以部门规章形式发布了《电子档案移交与接收办法》，加强了电子文件的后端管理。《党政机关电子公文处理暂行办法》和《电子文件管理规章制度框架体系》等规章制度正在起草中，各地区各部门也纷纷建章立制，内容涵盖《电子文件管理暂行办法》实施细则、电子文件移交与接收办法、电子文件管理系统管理规范等。

(3) 抓紧制定标准规范

成立国家电子文件管理标准总体工作组，负责相关标准的审批、立项和发布工作。《电子文件管理系统通用功能要求》已作为国家标准发布。《电子文件管理标准体系框架》已印发各地区各部门，元数据规范、存储交换格式、归档管理规范、装备规范、测试规范等标准已提交国家标准化管理委员会走发布程序。

(4) 扎实推进试点工作

选择天津、吉林、江苏、山东、广东等省（市），中央机构编制委员会办公室、国土资源部、卫生部、审计署、海关总署、国家知识产权局、国家档案局等部门（系统），以及中国石油化工集团公司、国家电网公司等14家单位开展试点工作。各试点单位结合实际，以行业管理的核心业务为主开展试点工作，目前国家电网试点项目已通过最终验收，国土资源部已通过初步验收，其他单位正在抓紧准备验收工作。

(5) 深入开展工作研究

开展电子文件基本理论问题研究，对电子文件一些基本理论进行了深入研究。书面调研了各地各部门电子文件管理情况，进行了汇总分析作为工作决策依据，加强了标准协调、认证认可、人员培训、产学研用等工作机制研究，初步形成了工作思路。

(6) 积极开展宣传培训

成功举办了各类电子文件管理培训班，建设了电子政务内网网站，引进了一批高质量的信息资源。各地区各部门开展了形式多样的学习宣传活动，广泛宣传电子文件管理的重要性和必要性。

# 管理业务篇

# 18. 电子文件管理主要业务活动有哪些

对电子文件管理有狭义和广义两种理解。狭义的电子文件管理仅指电子文件形成单位的电子文件管理工作。一些西方国家采用狭义的电子文件管理概念。广义的电子文件管理除了电子文件形成单位的电子文件管理工作外，还包括档案馆等电子文件长期保存单位的工作。本书采用广义的电子文件管理概念。

电子文件管理通常按照其实施时间被分为电子文件形成阶段的管理、电子文件归档阶段的管理和电子文件长期保存阶段的管理。其中电子文件形成阶段的管理业务主要包括版本控制、处理流程设定和控制、编号、分类、元数据管理等,电子文件归档阶段的管理业务主要包括电子文件的识别、捕获、分类、鉴定、利用、处置、元数据管理等,电子文件长期保存阶段的管理业务主要包括收集、格式转换、迁移、利用、元数据管理等。根据全程管理、前端控制、集成管理等原则,在信息系统的支撑下,三个阶段的管理活动正在走向交叉融合,一些归档阶段和长期保存阶段的管理活动被提前到形成阶段统一完成,如编号、分类、格式转换等。

## 19. 电子文件的形成包括哪些工作内容

形成是一个概括度比较高的词，用以描述电子文件从无到有的过程。总的说来，电子文件的形成过程就是业务活动的过程。不同专业、行业领域内的业务活动往往有比较大的区别。我们可以根据业务活动处理文件的目的归纳出一些具有普遍意义的文件形成工作，包括创建、接收、流转、更改、分发、交换等。其中只有创建或接收是每一份电子文件必经的形成活动。

(1) 创建

创建又称产生、编制、制作等，是指业务人员根据业务活动的需要，借助于一定的工具生成文件的过程。如编写 Word 文件、拍摄数码照片、通过光盘接收外单位的来文等。

(2) 接收

接收是接收其他单位发送过来的文件的过程。接收手段包括通过网络接收、通过脱机介质（如光盘）接收等。

(3) 流转

流转又称办理、审批、审签、会签等，是指电子文件由形成单位内部多个部门、多个人员处理生效的过程。如一份电子发文，在拟稿之后，一般需要经由处室负责人、单位负责人审批。

(4) 更改

更改即按照一定的原则、制度和要求，应用特定的方式修改、补充或变更某文件某些内容的过程。文件的更改，主要发生在工业产品设计、研制、生产和设备管理领域，以及建设工程项目规划设计、施工和管理领域。

(5) 分发

分发即将电子文件向其形成单位的使用者发送的过程，在网络环境中，这种分发也可表现为文件访问权限的分配和管理。

(6) 交换

交换也称传输、交付等，是指不同单位根据约定的规则，将电子文件由一方向另一方传递的过程。比如工程设计单位根据合同在规定时间内向建设单位交付设计图纸。

# 20. 电子文件形成过程的管理要求是什么

从管理视角来看,电子文件形成过程的管理要求有两个方面:一是业务的要求,包括顺利完成业务目标、提高业务效率等;二是档案管理的要求,主要包括保证业务活动的过程和结果得以完整留存和充分利用。纸质环境中两个视角容易脱节,电子环境中两个视角的衔接非常重要。

电子文件形成过程中的具体管理要求包括如下几个方面。

第一,确保应该生成的文件及时生成。比如纸质环境中，会议文件主要包括会议通知、参会人员名单、会议纪要等；电子环境中，还可以产生会议音频、视频、数码照片等多种形式的文件。

第二，确保电子文件形式规范、内容完备。应按照法律法规和操作程序的要求，创建文件的内容和形式。比如电子病历录入应当使用中文和医学术语，通用的外文缩写和无正式中文译名的症状、体征、疾病名称等可以使用外文。

第三，为电子文件选用恰当的存储格式。应当尽可能选择开放的、应用广泛的存储格式，以利于维护电子文件的长期可读性。

第四，为需要在多个部门、岗位之间流转办理或处理的电子文件选择恰当的流转路径。

第五，对电子文件进行恰当的权限控制。

第六，完整记录电子文件的形成背景。

第七，对电子文件进行必要和恰当的版本控制。

第八，提供必备的描述信息，如公文的主题词、关键词，数码照片的事件描述等，以方便文件信息的管理和利用服务。

# 21. 如何识别电子文件

识别,是指在数字环境中将文件与其他信息相区别的过程,其结果是电子文件身份的确立。电子文件的识别在概念上与传统文件无异,但识别手段却有很大程度的不同。在纸质环境中,由于业务活动相对稳定,不同业务职能之间边界相对清晰,且文件具有与之一一对应的、稳定的载体,因此人们很容易识别记录业务活动的文件;识别也并未成为一项独立的文件管理活动,而是包含在分类方案的建立中。数字环境中,业务活动的稳定性和易界定性受到冲击，很多电子文件不再与传统文件高度对应，载体也不再成为判断独立文件的助手，失去这些依托，电子文件的识别就会变得困难，也不能再被其他文件管理活动所包含。因此，识别成为电子文件管理的首要任务。

随着国际电子文件管理研究的深入，识别电子文件的手段有了长足的进展，其中最具代表性和权威性的是"电子系统中文件真实性永久保障国际合作研究项目"（InterPARES 3）的研究成果。该项目通过对大量不同系统、应用环境的研究，建立了数字文件身份鉴定学（digital diplomatics）应用模板。该模板包括文件的五个要素，或文件的五个构成条件。这五个要素如下。

第一，具备固定的内容和成文形式，并且以固定在载体上的方式存在。

第二，参与一个由拥有相应权限的机构或个体发起的，旨在制造、改变、维护或中止某种状况的行为。

第三，具备档案联，即同一业务活动中形成的文件之间的关联，通常由其在分类方案中的位置来揭示。

第四，最基本的文件形成人员（如作者、接收者、拥有者、网络地址提供者等）共同参与文件形成。

第五，具备五个可识别环境，即司法—行政环境、来源环境、程序环境、记录环境和技术环境等。

数字信息体必须具备所有这五个要素才能被视为文件。

识别是电子文件管理不可或缺的基础。没有这个基础，电子文件管理的对象就会不确定，电子文件管理的目的也会难以实现，遑论政策、策略、技术、系统等措施应用的效率了。

# 22. 什么是电子文件的版本

电子文件版本是指为完成同一业务目的,经过一定流程而形成的并在内容、形式、作用上有所不同的电子文件。常见的电子文件版本有:电子公文的草稿、修改稿、送审稿、定稿,软件 Beta 版、标准版、专业版等。

版本的标识号是版本号(version number)。每一个版本号可以分为主版本号、次版本号、内部版本号和修订号。主版本号和次版本号是必选的;内部版本号和修订号是可选的,但是如果定义了修订号部分,则内部版本号就是必选的。如:DOS4.0,主版本号是4,次版本号是0。

严格地说,电子文件的每一个版本,不管其存在时间或保管时间多长,都是独立记录业务活动状态的一份文件。

# 23. 为什么需要开展电子文件的版本控制

业务活动过程中产生的电子文件版本繁多，不进行版本管理会造成电子文件难以整合，版本不统一会经常导致使用错误版本现象，版本无法恢复会造成知识流失。电子文件版本控制的意义如下。

（1）追踪同一业务目的活动的过程

即追踪文件的变化，允许多人合作开展业务，整合同一业务活动的文件，使用并掌握最新版本。

（2）实现文件修订过程追踪，理解业务决策过程比如一份国家规划，可能来回修改上百遍，若要了解最终的规划目标和任务是如何形成的，就要到早期版本中寻找答案。

（3）为未来相关活动提供借鉴和参考

业务活动过程中的有些想法、思路会发生改变，通过分析各版本的变化，可以总结归纳出变化过程，而这些变化会对日后工作有所参考。

# 24. 如何进行电子文件的版本控制

首先，要确定需要开展版本控制的电子文件种类；其次，应明确每类文件版本控制的基本规则，要求将重要的版本留存下来而不是覆盖原有版本，包括版本访问控制权限、版本号编号规则、版本冲突解决机制、各版本的保管期限等；最后，应选择合适的版本控制方式及控制工具。

可选的版本控制方式如下。

(1) 本地式

即由用户在本地计算机上通过手工的方式来控

制各种版本,用户产生或是接收的版本全部保存在本地。在这种本地控制方式下,一般通过文件名来区别不同的版本,常用的方法是在文件名中加入版本号或日期,比如 Record_V1.pdf,Record20120716.txt。

(2) 集中式

即由集中管理的服务器保存所有文件的版本,而协同工作的用户都通过客户端连到这台服务器,取出最新的文件或者提交更新。具体包括软件工具共享文件夹和版本控制系统两种方式。后者占用存储空间少,支持对文件的版本更新进行详细的描述。

(3) 分布式

这种方式与集中式的不同之处在于,除了一个集中的公共存储库之外,文件版本还会完整地保存在多个本地存储库中。这种方式访问速度快,适合地理分散的项目组协同工作。

## 25. 什么是电子文件的分类

电子文件的分类，是指根据文件分类方案（也称分类体系）规定的逻辑结构、方法、程序规则，对电子文件进行系统的识别和整理，将其归入相应的类别。分类是基础性的、核心的电子文件管理活动。机构内所有的电子文件都应纳入分类体系中。

在将电子文件捕获进入电子文件管理系统（ERMS）时，应对电子文件进行分类，归入到文件分类方案的相应类别。电子文件分类方案（通常是其子集）也可嵌到业务系统中，在文件产生时就赋予其分类号。

通常地,电子文件长期保存单位继承各电子文件形成单位对文件的分类;也可根据利用的需要,对相关主题的电子文件进行重新聚类,但这不会影响到其原有分类。

## 26. 电子文件分类的作用是什么

作为基础性的、核心的文件管理业务活动,电子文件分类是对机构业务活动的重要支撑,也是其长期保存的重要基础。具体来讲,电子文件分类的作用主要包括以下几方面。

(1) 支持业务的有序开展

文件是业务运行的工具和产物,按照业务活动开展方式对文件进行分类,能够记录并反映业务活动轨迹,及时准确地为业务活动提供支持和参考信息,支持其有序开展。这对于业务精细化程度较高,或者多种业务并存以及多人跨部门开展同一项活动的情况而言尤为重要。

(2) 支持文件现行和长期的可理解性

分类是建立和维护文件之间有机联系的关键手段。通过分类，可以建立同一个业务活动中形成的多个文件之间的关联，也可以建立跨部门、跨业务形成的文件之间的关联，从而完整反映产生文件的业务背景，保证其现行和长期可理解性。

(3) 支持检索与一个业务活动相关的所有文件

良好的分类能够支持"基于业务"的"族性检索"，使检索更为准确和高效，从而帮助员工利用所需文件顺利完成日常工作，保障业务活动持续开展。

(4) 帮助机构全面掌控电子文件资源

分类是文件管理的智能控制工具，它能帮助员工了解应当形成哪些文件，确保机构的职能活动被完整地记录下来，有效地避免电子文件的失存。

(5) 支持按类开展的文件管理，如鉴定、处置

按类开展文件管理不需逐份判断文件的价值和保管期限，可以提高文件管理的效率。国际上日益提倡将基于职能分类法的文件分类方案和基于职能

鉴定法的保管期限与处置表相集成，在文件形成时判断其类别，通过类别判断文件的保管期限和处置方式，可以支持按类自动地处置和采取相应的保管策略。

# 27. 什么是电子文件分类方案

电子文件分类方案,也称分类体系,是文件类目的有序集合,揭示各级文件类目及其相互关系。分类方案是指导电子文件分类的工具。按照比较经典的理解,分类方案主要由各级类目组成,是个相对稳定的体系。

在分类方案的最低类目下,一般设有案卷这个文件集合层次。案卷是与同一个主题、活动或事务等相关的一组文件的组织单元。案卷是同类文件的最小集合体,按照管理的需要建立和关闭。电子文件的案卷是逻辑案卷。

一个单位所形成的所有电子文件,经过分类和立卷,将形成由全宗、类、案卷、文件等组成的一个多层次的等级结构体系。这个体系结构固定并维护了文件之间的有机关联,能够保证文件被更好地理解、管理和查找,如图2所示。

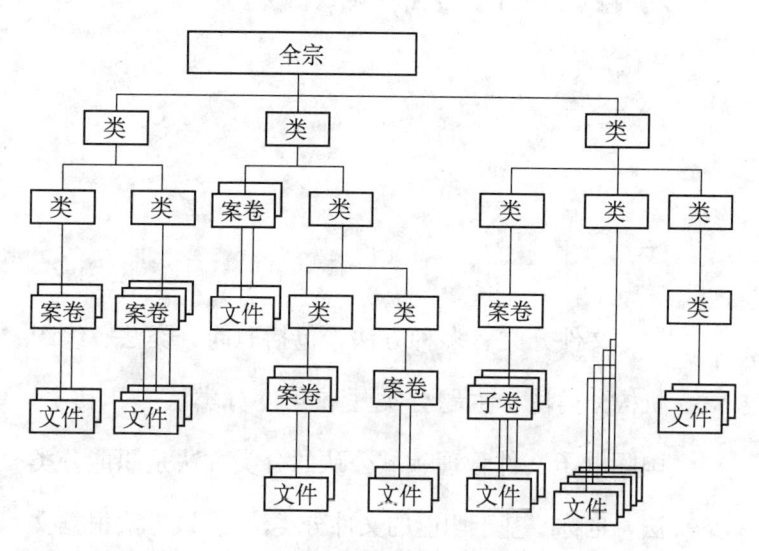

图2 电子文件全宗的层级结构

# 28. 电子文件分类的方法是什么

文件分类有多种方法，包括职能分类法、组织机构分类法、主题分类法和年度分类法等。其中，国际电子文件管理领域公认的分类方法是职能分类法，也称"基于职能的文件分类法"。该方法根据文件形成和使用的业务背景对文件进行分类，同一业务背景的文件为一类文件。相比其他分类法而言，职能（即业务背景）最能反映文件之间的本质联系，最为稳定。职能分类法可以和职能鉴定法相结合，有助于系统根据文件的类别自动判断文件的保管期限。

职能分类法使用一套关于业务活动结构的术语，包括业务活动、职能、活动、事务等。其中，业务活动是一个总括性术语，泛指机构的职能、流程、活动和事务等。职能是法律、方针或机构章程等赋予机构问责要求的任何高层次的目的、责任、任务，如生产、销售、人力资源管理等，职能是活动的高层集合。活动是机构为完成每一个职能而承担的主要任务，一个职能会包含若干活动。事务是业务活动的最小单元，涉及两个或更多参与者或系统之间的交流。事务的开展过程中直接形成文件。职能、活动、事务三个层次构成的业务分类方案可以演化为文件分类方案，如图3所示。

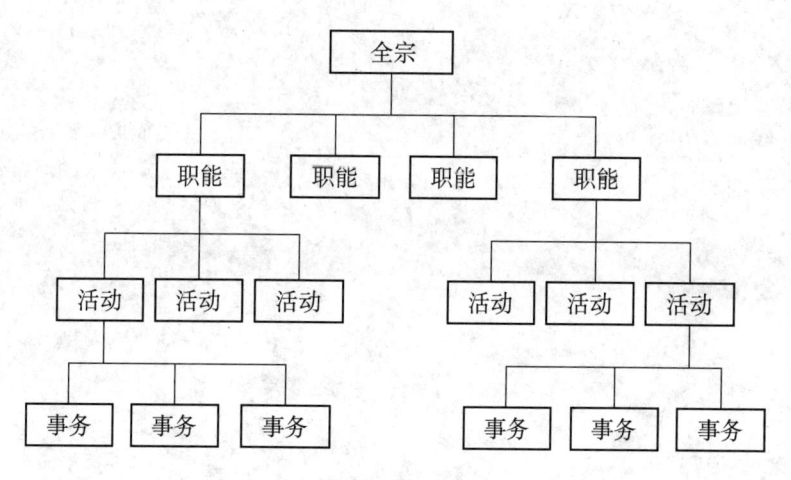

图3 职能分类法

需要注意的是，最低层类目下案卷的设置，不再以业务活动的逻辑结构为唯一决定因素，而需要综合考虑事务、文件类型、文件主题、时间，以及用户在检索方面的需要和利用习惯等多方面的因素来设置案卷及其名称。

## 29. 建立电子文件分类方案应当遵循什么原则

（1）业务驱动原则

业务驱动原则是业务驱动的管理理念在电子文件分类中的具体应用。它要求从形成文件的业务活动出发进行分类，关注形成和使用文件的业务背景，文件分类体系结构的构建以及分类类目的设置都要将业务活动的开展方式作为首要依据。业务驱动原则要求采用职能分类法。

（2）统管全局原则

统管全局指的是将机构所有的业务活动作为一

个有机整体，将所有的文件作为一个有机整体。建立电子文件分类方案的时候，应当以全局的视角而不是割裂的视角来考察业务活动相交织的情况，要全面涵盖机构所有业务活动中形成的全部有价值的文件。

（3）全程统一原则

即建立面向电子文件整个生命周期的统一的分类方案，在文件产生的时候就对文件进行分类，这个分类将沿用至归档后的保存阶段。这种做法将打破文件形成阶段分类相对随意、文件形成者和保存者可能存在的分类不一致的情况，对文件分类提出了更高的要求。全程统一原则关系到电子文件分类方案的定位，而这和整个文件管理工作定位应保持一致。

（4）法规遵从原则

电子文件分类方案的建立要遵从与机构业务相关的法律、规范、规定、制度、标准、程序等的要求，根据这些要求来识别业务及其相关文件的种类。制度规范具有一定强制力和稳定性，遵从法规有利于保持整个分类体系的稳定性。

(5) 载体和格式中立原则

载体和格式中立原则指的是电子文件分类方案应当能够应用于各种载体、各种格式的文件。无论文件的载体是数字的还是模拟的，也无论文件的形式是电子文本还是网页文件，它们都应当被电子文件分类方案所覆盖。这也就意味着机构不必单独为了电子文件另做一份分类方案，而要根据电子文件的特点，制定一份统一的分类方案。

(6) 精细化原则

要通过对具体的业务活动的细致分析和层层分解，来建立电子文件分类方案，以支持对每一份文件进行准确、一致的归类。电子环境下，提倡建立相对精细的分类方案，以便于后期按类的自动管理。

(7) 用户友好原则

电子文件分类方案的建立要充分考虑文件形成人员和使用者的需求，便于用户理解，方便用户使用。该原则关系到分类方案能否成功实施。该原则要求：文件分类方案的结构清晰、易懂；文件类目名称要考虑用户的使用习惯，尽量使用用户所熟悉的正式术语做类目，含义明确；文件分类方案应当有类目范围说明，引导用户将文件归类。

(8) 集成原则

文件保管期限的长短和处置方式与形成文件的业务活动的重要性直接相关，文件的安全和存取权限也往往对应于特定的业务活动。这决定了可以将文件类目的划分与文件保管期限设置、文件安全和存取权限设置等联系起来，将电子文件分类方案与保管期限表、安全和存取权限方案集成。

## 30. 什么是电子文件的捕获

捕获（capture），指将业务活动中生成或接收到的数据对象作为文件并与元数据一起保存到电子文件管理系统中的过程。捕获是电子文件产生和应用之后才出现的新术语，应用在信息系统的环境中，与归档、登记存在密切关系。

捕获和归档都是将电子文件纳入某个系统的行为，区别主要有两点：第一，操作对象不同。捕获的对象可以是任何电子文件，而归档的对象是具有档案保存价值的电子文件，前者的范畴大于后者。

当然，在系统应用中，也可以仅将捕获的范围定义为归档范围，这取决于实际的管理需要。第二，含义有别。传统的归档有被动等待的含义，捕获则有主动获取的含义。"捕获"一词的出现和应用意味着管理对象和管理理念的变化。

登记是电子文件管理系统根据既定规则分配给文件唯一标识符的过程，登记意味着电子文件正式成为电子文件管理系统的管理对象。登记是捕获的一个动作，捕获包含登记。

# 31. 什么是电子文件的归档

电子文件的归档是指将具有保存价值的电子文件赋予其档案属性并纳入档案管理范畴的过程。归档后的电子文件获得"档案身份",需要在一个相对独立的物理或逻辑空间存储和管理,以免被篡改、丢失或损坏。

电子文件归档与实体文件归档并没有本质上的区别。从电子文件生命周期全过程看,电子文件归档虽然不完全像传统实体档案归档一样,载体一定要从形成部门"搬到"档案部门进行集中管理,即不一定实现实体转移，但是归档作为一个独立的工作环节，意味着管理要求、管理方法与管理权限的改变。

当然，电子文件自身的技术特征、多种多样的载体形式以及计算机管理系统的特殊要求，使得电子文件归档的方法发生了一些变化。总体来说，电子文件的归档工作要比纸质文件的归档工作更为复杂。以归档时间为例，在传统纸质文件管理环境中，归档通常在业务活动结束之后定期进行，表现为一个时间点；而电子文件的归档时间，则可能包括多个不连续的时间点，比如在电子文件生成或收到之际打上归档标识，业务结束之后完成归档的操作。

## 32. 电子文件的归档方式包括哪些

第一，按照电子文件实际的存储位置，电子文件归档方式包括物理归档与逻辑归档。

物理归档是一种类似于传统实体文件的归档方式，业务部门把电子文件通过网络或者下载到可脱机保存的载体上，保存进电子文件管理系统（ERMS），这个系统通常由档案部门负责维护管理。逻辑归档是指具有档案价值的电子文件在归档之后仍然存储在业务系统中，通常要求将其元数据移交到电子文件管理系统中，档案部门也可以委托业务部门对这些归档文件进行保管和提供利用,并对其管理工作进行指导和监督。

第二,按照归档电子文件的传输方式,电子文件归档方式分为在线归档与离线归档。

在线归档是指通过计算机网络,将电子文件及其元数据向电子文件管理系统(档案部门)移交。逻辑归档必然是在线的。离线归档是指将电子文件及其元数据存储到可脱机存储的载体上向电子文件管理系统(档案部门)移交。当电子文件的形成系统没有在线归档功能,或者当电子文件形成机构与电子文件归档管理机构不同时,较多地采用离线归档的方式。如工程的建设方通常会在建设项目结束后将电子文件(包括纸质文件扫描后的电子版本)统一拷贝到光盘或者硬盘上向工程的业主方归档移交。

## 33. 确定电子文件归档范围的原则是什么

确定电子文件的归档范围，需要综合考虑电子文件在业务活动中所起的作用、电子文件真实性及长期可用性要求、电子文件和纸质文件的配套情况等。

与纸质文件归档范围相比，制定电子文件归档范围时要遵循以下原则。

(1) 吻合性原则

决定文件保存价值的关键是文件的内容，而文件内容的重要性取决于产生文件的业务活动的重要性。从这一点来看,电子文件和纸质文件的价值鉴定原则是一致的,电子文件的归档范围应与内容相同的纸质文件归档范围基本吻合。因此,应在原有归档范围基础上根据电子文件的特点制定电子文件归档范围及保管期限表,不必完全另起炉灶。

(2) 适度放宽原则

由于电子文件存储的高密度性,若遇到在纸质环境中可归可不归文件,可以适当考虑纳入归档范围。比如,纸质文件归档强调结论性和总结性的材料而相对忽略过程性、具体性材料,但这些材料作为电子文件归档时则可以同时归档。当然,是否放宽以及放宽到何种程度,还需要综合考虑电子文件的价值和维护成本最终确定。

(3) 综合性原则

这里的综合性是指在判断电子文件归档范围时要综合考虑相关信息、材料对文件保存价值的辅助作用,除了文件本身之外,对于保证电子文件长期真实、完整、可用、安全的其他相关材料,如电子公文的收发登记表、机读目录、相关软件、其他说明等,应与相对应的电子文件一同归档保存。

## 34. 电子文件归档范围应该包括哪些内容

第一,在行使本机构职能活动(包括专门职能和通用职能)过程中形成的、有纸质对应物的电子文件。可参照执行传统实体档案归档范围的相关规定,如国家档案局关于《机关文件材料归档范围和文书档案保管期限规定》(2006年8号令)、《企业文件材料归档范围和档案保管期限规定》(2012年10号令)的规定和其他有关科技文件、专门文件归档范围的规定。对于需要保存草稿及过程稿的电子文件,需要按照版本管理的要求添加版本号,并同正本一并归档。

第二，在行使或拓展本机构职能活动过程中，利用新的应用系统产生的无纸质对应物的新类型电子文件。如网站、电子邮件系统、微博系统中生成的电子文件。

第三，有助于保证电子文件长期真实、完整、可用、安全的其他相关信息。如电子文件的元数据、说明性材料等。

第四，在双套制（参见36问）情况下，需要归档电子文件及其相关纸质文件，并在电子文件管理系统或档案管理系统中建立二者的关联。

## 35. 归档电子文件的质量要求有哪些

（1）真实性

要求归档电子文件必须是当时当人当事形成的，版本准确。在归档时需要由电子文件形成部门对归档电子文件内容的可靠性、稿本的准确性以及双套文件的一致性加以确认。特别需要注意的是，归档时经过格式转换的文件，如果发生形式上的变化，需要认定这种变化不影响电子文件内容的真实。

（2）完整性

要求归档电子文件及其相关文件齐全，元数据完备，且文件与相关文件、元数据的连接手段有效。具体包括：传统意义上的文件及其关联文件齐全，如正文和附件、请示与批复等；保证描述电子文件及其形成过程的元数据齐全完整；根据具体情况收集电子文件长期可用性的特殊软件及硬件等。

(3) 可用性

要求归档电子文件尽可能采用符合要求的标准格式，能够被打开并有效表现所载内容。此外，归档文件还必须经过整理，文件命名符合要求，关键词揭示主题特征，以方便日后查询利用。

# 36. 什么是双套制归档

双套制是针对同样内容的文件，同时存在电子文件和实体文件两套文件形式。双套制是信息技术应用过程中出现的一种普遍现象，存在多种可能的情况，比如：电子文件打印成纸质文件，两者完全一致；纸质文件扫描成电子文件，两者完全一致；电子文件和纸质文件内容一致，但是纸质文件有签字盖章，电子文件没有签字盖章等混合状态。

双套制归档特指内容相同的文件的电子版和纸质版同时归档，主要包括如下两种情况。

一种情况是先形成纸质文件，之后根据办理、存储、利用等方面的需要形成相应的电子版本，这就是纸质文件的数字化过程。纸质文件的数字化一般有两个时间点：一是在业务活动过程中对纸质文件实施数字化，如收文的数字化、保险合同的数字化等；二是归档之后的数字化，主要针对办理完毕并且履行了归档手续的纸质文件。

另一种情况是在业务活动中用计算机直接生成电子文件，之后将电子文件转换成纸质文件。这种转换也有两个时间点：一是电子文件创建（制作、接收、拍摄等）之后立即打印输出，此后两个版本的文件同时流转、办理，或者其中之一单独流转、办理；二是电子文件在归档时打印输出，即文件以电子的形式独立完成全部流转、办理过程，只在归档时为电子文件制作拷贝（纸质文件或缩微件）。

在不同的双套情况下，电子文件管理的要求不尽相同。比如在业务过程中被数字化的文件在归档时需要同时提交一些业务元数据，而归档之后才数字化的文件不会携带此类元数据。不论哪种情况，电子文件归档时都要满足真实、完整和可用的要求，并且与相应纸质文件内容保持一致并建立关联。

## 37. 电子文件的归档时间是如何规定的

电子文件的归档时间有两种：实时或定期。实时归档是指电子文件形成后即刻归档，定期归档是指按照机构有关规定，在电子文件形成一段时间后再向档案部门移交。《电子文件管理暂行办法》规定："电子文件……定期归档应当在第二年 6 月底前完成"。特殊类型的电子文件，如 CAD 文件、财务电子文件，可以参照专门文件的归档时间并结合电子文件的特点确定其归档时间。实时归档一般都采取在线归档方式，定期归档可以是在线的也可以是离线的。

应该根据业务需要和电子文件管理要求选择适宜的归档时间点。例如电子公文可以在流转或发送完毕之后立即归档，工程文件则可在工程或子工程结束之后归档。

在双套制归档过程中，电子文件最好与纸质文件同时归档。很多单位中电子文件可以实时归档，而打印出来的纸质文件可能是定期归档。在这种情况下，可将实时归档的电子文件先放入暂存区，在纸质文件归档时一并正式归档，以保持文件之间的一致性和关联性。操作流程如图4所示。

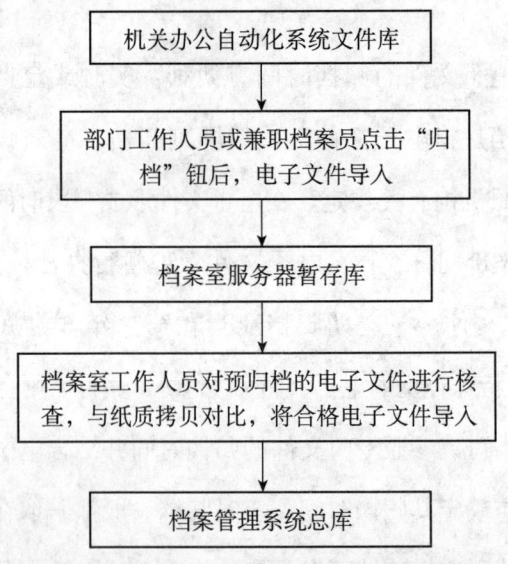

```
┌─────────────────────────────┐
│    机关办公自动化系统文件库    │
└─────────────────────────────┘
              ↓
┌─────────────────────────────┐
│ 部门工作人员或兼职档案员点击"归  │
│    档"钮后，电子文件导入       │
└─────────────────────────────┘
              ↓
┌─────────────────────────────┐
│      档案室服务器暂存库        │
└─────────────────────────────┘
              ↓
┌─────────────────────────────┐
│ 档案室工作人员对预归档的电子文件进行核 │
│ 查，与纸质拷贝对比，将合格电子文件导入 │
└─────────────────────────────┘
              ↓
┌─────────────────────────────┐
│      档案管理系统总库         │
└─────────────────────────────┘
```

图4　某机关办公自动化系统文件归档流程

## 38. 什么是电子文件的移交

在系统环境中，电子文件的移交是指将电子文件从电子文件管理系统转移至电子文件长期保存系统或其他系统（包括第三方机构的电子文件管理系统）的过程。其中最典型的移交是由文件形成机构的电子文件管理系统向国家档案馆电子文件长期保存系统的转移。移交前后电子文件的保管权和相关责任都会发生变化。

电子文件的移交方式包括在线和离线两种，移交过程中文件所处系统的转换和保管场所的转换是同时发生的。

电子文件归档与移交的区别在于：归档是在文件形成机构内部发生的电子文件的管理系统和权限的转换，而移交是发生在不同机构之间的电子文件的管理系统和权限的转换；归档面向所有具有档案保存价值的电子文件，而移交主要面向具有长期保存价值的电子文件，省级以上档案馆仅针对具有永久保存价值的电子文件；归档方式既可以是逻辑的，也可以是物理的，而移交方式只能是物理的。

## 39. 什么是电子文件的鉴定

电子文件的鉴定有狭义和广义两种理解。

狭义的电子文件鉴定和传统文件鉴定含义一致,指对文件保存价值的鉴定,即确定文件的保管期限。在电子环境中,这部分内容也称为内容鉴定。

广义的电子文件鉴定包含所有与电子文件保存价值相关的判断性、检测性工作。综合国内外的理论和实践,除了文件保管期限的判定之外,电子文件的鉴定还包含以下几方面。

(1) 电子文件的识别

要对数字信息开展文件管理,首先要将文件与非文件类信息加以区分，并将文件的构成要素组合在一起，作为一个文件对象加以管理。

(2) 文件的可用性判断

也称技术鉴定，即检测电子文件的技术状态，判断电子文件内容是否处于可用的状态。这部分的工作和"内容鉴定"合称为电子文件的"双重鉴定"。技术鉴定工作包括两项内容：第一，检测保证电子文件长期可用的元数据、保存方式等数字要素是否齐全。例如，对于某一些业务系统中生成的在线申请表文件，保证其长期可用的数字要素包含可以正确显示这份文件需要的相应软件程序、表单格式模板、数据库程序等。第二，除上述技术外的其他一些通用性技术要素检测工作，如病毒检测、安全检测、介质状况检测等。

(3) 电子文件保管能力的鉴定

即检测电子文件形成单位或保存单位是否具备保证电子文件长期可读性的技术能力，也就是检测保证电子文件长期可用的相关信息技术是否能够在机构内得以保存并使用。

本书中电子文件的鉴定主要采用狭义的理解。

## 40. 什么是电子文件的处置

在我国，对于处置有两种理解：一种为办毕公文的处置，也称归档处置，处置被认为是文书工作的最后一个环节，主要包括清退、销毁、暂存、立卷、归档等行为。另一种为一般的文件处置，是指按照文件保管期限与处置表以及其他规定，对文件实施保管、销毁或者移交的一系列过程，也就是对文件去向的执行。本书根据国际惯例，采用第二种理解。事实上，办毕公文的处置也可以被包含在其中。

为了操作上的方便，我们将处置中的保管（包括归档）独立出来，处置主要是指对保管到期的文件实施处理的工作，具体的处置行为主要包括移交、销毁或续存。这项工作关系到鉴定的结果能否得到实施。

(1) 移交

移交是指将电子文件从电子文件管理系统转移至电子文件长期保存系统或其他系统（包括第三方机构的电子文件管理系统或）的过程。

(2) 销毁

销毁是指消除或删除电子文件，使之无法恢复的过程。

(3) 续存

续存是指将保管到期的电子文件继续保存。

此外，还可能存在一些特殊的电子文件处置行为，包括冻结、法律保留等。

# 41. 什么是电子文件保管期限与处置表

我国档案部门通常使用文件（档案）保管期限表来确定文件的留存期限，这样的保管期限表主要由文件的类别和其保管期限组成。电子文件管理系统中，除了要确定每份（类）文件的保管期限，还需要确定其保存到期后的处置行为，即销毁、续存还是移交给档案馆或第三方机构。鉴于保管期限和处置行为的衔接关系，需要将电子文件保管期限表扩展为保管期限与处置表；整合文件保管期限和文件保存到期后的处置行为；同时还需要标明文件在本单位内部的保存期限，以及触发处置行为的时间或事件。

电子文件保管期限与处置表是规定电子文件保管期限和处置行动的正式工具，通常表现为表册形式，是电子文件管理系统配置的依据。可参照国家和行业相关档案保管期限表来制定电子文件保管期限与处置表，宜保持该表的相对稳定，不宜频繁变动。

在电子环境中，国际文件管理领域的最佳实践经验是将保管期限与处置表和分类方案合并，或者建立明确的映射关系。即保管期限与处置表中的"文件类别"为分类方案中具体的类目，而不是简单、笼统的总结，或者对个别文件类型的罗列。这样做的好处是便于实现按类自动鉴定和处置，即在类目层次上设置保管期限和处置行为，类目下文件自动继承父类的保管期限和处置行为，无需再人工逐份鉴定。

电子文件保管期限与处置表的范例如表 1 所示。

表 1　　电子文件保管期限与处置表范例

| 文件类别 | 保管期限 | 内部保存期限 | 触发时间或事件 | 处置行为 |
| --- | --- | --- | --- | --- |
| 合同（金额大于 100 万的合同） | 永久 | 10 年 | 合同生效之日 | 向综合档案馆移交 |

# 42. 电子文件价值鉴定的主要方法包括哪些

内容鉴定法和职能鉴定法是电子文件鉴定采用的两种基本方法。前者的关键是通过直接审阅电子文件的内容判断其价值，后者则通过研究分析形成电子文件的职能活动的重要性来判断其价值。内容鉴定法是针对文件内容的，因此视为直接鉴定，鉴定对象可以是单份文件，亦可以是类似内容的批量文件。职能鉴定法是针对生成文件的职能的，因此属于间接鉴定，且多用于文件"批量"鉴定。

但是，内容鉴定法和职能鉴定法并非彼此孤立的关系。审阅内容时会考虑到其反映的职能因素,职能活动也会反映在文件的内容上。两者的主要区别在于前者的思路是微观的、自下而上的,对每一份文件都要展开分析,并从内容分析的实践中总结出一些判断的因素,如职能、人物、时间等。后者的思路则是宏观的、自上而下的,首先要对机构的全部职能进行研究,分析机构的哪些职能活动、哪些工作更重要,并把相关的文件保存下来。由于职能鉴定法反映了文件记录业务的本质,且比逐件阅读本身更有效率,因此无论从方法的科学性还是从对电子文件的适应性来看,职能鉴定法都是更有效的鉴定方法,在电子时代得到了更多的认同。

由于机构管理、业务活动及电子文件的复杂性,在实际工作中,电子文件的鉴定往往以职能鉴定法为主,并辅之以内容鉴定、风险分析等其他的鉴定方法。

## 43. 电子文件销毁的方法主要有哪些

目前,对电子文件销毁技术方法的研究多集中于计算机领域。一般将电子文件的销毁分为信息(或数据)销毁和载体销毁。

(1) 信息销毁

亦称数据销毁、软销毁或逻辑销毁,是指将保存到期且失去保存价值的电子文件的数据内容,通过数据覆盖等软件方法擦除,使其无法复原。数据覆写后的存储载体通常仍可循环使用。

(2) 载体销毁

亦称硬销毁、物理销毁,指的是将电子文件存储载体连同其上的记录数据通过某种方式灭失。载体销毁又可以分为物理销毁和化学销毁两种方式。物理销毁方法包括消磁,用熔炉焚化、熔炼,借助外力将介质粉碎,研磨磁盘表面等;化学销毁是指采用化学药品腐蚀、溶解、活化剥离磁盘等载体记录表面上的数据。

电子文件的销毁应采用与文件密级相适应的方法。信息销毁适用于非密的电子文件数据的清除或销毁,特别是当需要对某一具体文件进行销毁而其他文件不能破坏时。物理销毁一般适用于涉密电子文件的销毁,而化学销毁方法只能由专业人员在通风良好的环境中进行。总之,针对不同的载体、对象和方式,数据销毁和载体销毁的要求及所采用的方法不同。

# 44. 电子文件长期保存的主要影响因素有哪些

(1) 软硬件易过时

信息技术硬件设备和软件产品多以 2～5 年的周期更新换代，因此电子文件的生成、读取、存储、检索手段变更迅速。需要对技术变革可能产生的各种冲击进行评估预测，甚至在文件创建之前就通过各种措施来缓解软硬件过时导致的不利影响。

(2) 载体脆弱

传统的档案载体，从甲骨金石到简帛纸张，在保存环境适当的情况下都能做到长久保存，以至于有"纸寿千年"的说法。但新型载体在设计和生产时并未对其持久性做充分考虑,其保存寿命都远远短于纸张;同时载体本身对其生产原材料、设备、软件、驱动程序的依赖,可能导致所保存的电子文件无法读取。

(3) 电子文件的类型复杂

电子文件类型的丰富与复杂在一定程度上增加了其保存的难度。由于类型不同,保存的技术方法可能存在巨大差异,尤其涉及技术更新时更是如此,如数据库、GIS 信息、三维设计图等复杂类型的文件。

## 45. 电子文件保存的基本要求有哪些

电子文件保存的基本要求要服从于电子文件管理的基本目标，即保证电子文件的真实、完整、可靠、可用。具体而言，基本要求包括以下几种。

(1) 载体有效性

载体有效性是电子文件保存的最基本要求，要求保证电子文件载体的足够安全，因此需要对载体的物理特性、技术规格、使用方法和保护措施等有详细的了解与掌握，以便进行有效维护。然而由于电子文件载体的寿命有限，且升级换代频率加快，需要采用适当的技术方法保护文件载体的有效性，例如必要的更新和迁移操作等。

(2) 信息可用性

可用性是指电子文件能够通过现有的软硬件技术，以人可以接受的方式展示相关信息。可用性要求电子文件保存系统能够对所保存的二进制内容进行转换，并准确地恢复原貌，以人们能够直观理解与习惯阅读的格式进行还原显示，如显示在屏幕上的文本与图像，或是通过计算机播放的声音或视频等。

电子文件可用性并不强求用其原始的生成环境来再现；事实上经过一定时期保存的电子文件，其原始的软硬件环境大多已不存在。一般来说，能够通过其他第三方工具实现信息再现的，即使其呈现形式与原始形式有所差异，但只要该差异不影响对文件信息真实性的判断，也是可以接受的。

(3) 信息可理解性

可理解性是指电子文件的信息能够按照其本身的意图被正确理解。它是信息可用性的深化要求，是语义层面上的要求。只有那些能被人理解并且表达正确的文件才能够提供利用。然而对一份具体文件的内容而言，常有不被人理解的地方，这就需要结合其关联文件、元数据描述、背景注释等信息的辅助。

（4）来源真实性

电子文件长期保存不同于一般数字信息长期保存的地方就是对于真实性有很高的要求，要求电子文件始终作为业务活动的真实记录而存在。为了同时满足上述载体有效、信息有用等方面的要求，电子文件无法通过自身的不变来实现真实的目标。因此对于长期保存过程的电子文件，其真实性要求就不再强调形式的不变，而是强调其来源的真实性和保存过程的合规性，这通常通过一系列规章制度和完整的元数据来实现。

# 46. 主要有哪些电子文件长期保存策略

（1）更新

更新是在新载体上拷贝电子文件信息来替换旧载体的方法，也称载体更新。

（2）迁移

迁移是随技术变化转换数据的一种处理过程，可使数据从某一硬件或软件配置向目标硬件或软件配置转换。简单地说，迁移就是不同信息格式之间的转化，很多时候还涉及整个系统配置的改变，视具体的信息类型而定。其目的在于保护数字信息的完整性，针对不断的技术进步，保留用户对数字信息的检索能力、显示能力与使用能力。

（3）仿真

仿真就是在新的系统环境下重建一个兼容原始数据、设备及其管理系统的运行环境，使得原来的数据、设备和系统能在现行的软硬件系统上运行。仿真实际上是通过模拟电子文件形成时的原始环境来保障数字信息内容的可利用性。

（4）封装

封装是将电子文件以及有关的元数据以信息包形式保存起来的方法。封装信息包既能够保存电子文件的存储格式以及封装本身使用的格式，也能描述电子文件保存历史及其与其他电子文件的关联，还可以通过比对元数据描述与电子文件是否相符来验证电子文件在封装时是否被修改。

# 47. 如何利用更新策略保存电子文件

更新是目前最普遍、最简单的长期保存策略,其更新时间取决于存储载体技术的变化。目前电子文件保存使用的主要载体类型包括磁盘、磁带和光盘,这些类型的载体都会随保存时间的持续造成性能衰减,都需要定期检测和更新。

作为电子文件保存的常规手段,更新功能是有其局限性的。它只是对数字信息进行介质的简单转换,其有效性只是将信息编码到必须使用的硬件与软件格式上,对电子文件信息的保护周期与所依赖的软硬件周期一致，因而属于临时性措施。当软件对旧格式不再兼容，或格式停止研发时，要在新环境下读取信息，就需要考虑用其他方式予以解决。

# 48. 如何利用迁移策略保存电子文件

迁移作为未来各类数字资源部门的系统工作，需要有完整科学的迁移策略支持。

(1) 制定迁移管理策略

迁移策略可分为迁移规划、迁移准备、迁移实施、迁移校验等。迁移规划确定迁移的目标和条件；迁移准备包括风险预测，制定管理预案，成立专门的迁移队伍；迁移实施是指检查迁移工作中的各项流程、方案，部署配置电子文件迁移的存储环境、应用技术和格式，完成迁移后的记录及备份等；迁移校验是对迁移前后电子文件的内容、元数据等的检查和对照，可采取人工校验和程序校验等方式。

（2）确定迁移路径

由于迁移是通过一代一代的软硬件设备将电子文件信息一直转移下去，因此每次迁移时所运用的软硬件以及相关的数据格式都应该被记录下来，这种迁移的历程就是迁移路径。通过迁移路径，我们可以了解迁移的具体信息，为日后的迁移提供参考依据。

（3）设置迁移管理中心

由于目前还有大量非标准格式的电子文件存在，数据格式尚处在自我发展阶段，软件系统也存在类似情况，因而建立迁移管理中心，集中应对旧有信息的迁移工作，在成本控制、技术保障方面很有优势，便于对类似数据库系统、多媒体信息、地理信息系统等复杂文件的迁移提供服务。

# 49. 如何利用仿真策略保存电子文件

从本质上看,仿真是一种延迟技术淘汰的保存方法,当新的系统也面临淘汰时,仿真器也需要进行相应的升级调整,这是采取仿真方法必须注意的。如图 5 所示,当主机平台发展到第 2 代时,就需要对原先的仿真器进行升级,以维持数字信息的原始展现形式。

仿真技术在理论上虽然比较先进,也有部分成功的案例,但其发展仍受到许多重要因素的约束,比如技术、法律、成本、标准、知识产权等问题。

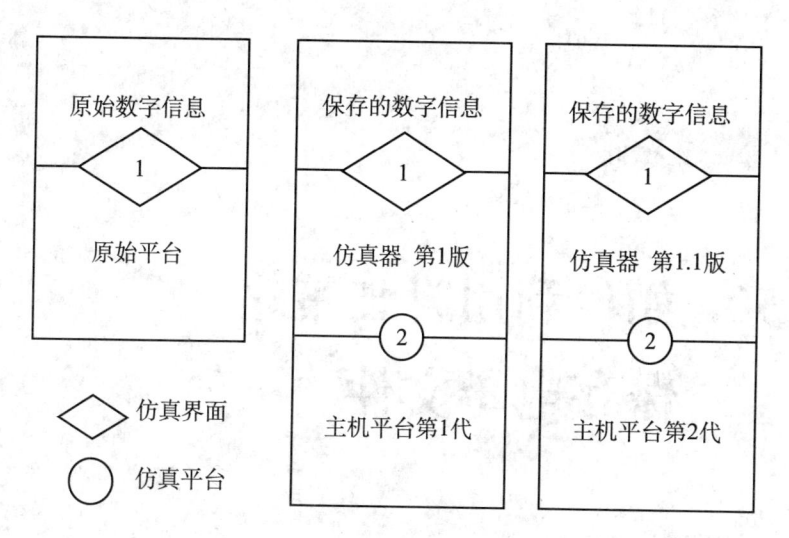

**图5 仿真示意图**

因为需要仿真的硬件及其周边设备、操作系统、应用软件种类繁多，技术上的复杂度较高，依赖于对所仿真产品的透彻了解，而在操作系统、应用软件、硬件产品核心代码处于封闭的情况下，仿真器的开发需要解决知识产权方面的困扰，特别是考虑到仿真器本身也需要长期维护，因此必须保证能够及时、合法地获得相关代码，而不仅仅靠兼容功能实现仿真。

# 50. 如何利用封装策略保存电子文件

目前，我国已出台的档案行业标准《基于XML的电子文件封装规范》(DA/T 48—2009)规定了电子文件的封装格式和要求。该标准适用于各级各类档案馆、机关、团体、企业事业单位和其他社会组织对文本文件和静态图像文件的封装。该标准主要规定如何将电子文件以"件"为单位"装订"在一起。具体而言，在一个电子文件封装包中可以封装多个文档（如正文与附件），一个文档可以包含多个版本（如正文的正本、定稿、草稿），文档的同一版本还可以包含不同格式的计算机文件（如同一正本的 PDF 格式编码和 TIFF 格式编码）。通过格式规范的 XML 文件将有关电子文件封装在一起是电子文件长期保存的一个重要选择。

在国际范围内，主要有澳大利亚维多利亚州的电子文件管理策略（Victorian Electronic Records Strategy，VERS）、美国数字图书馆联盟的元数据编码与传输标准（Metadata Encoding and Transmission Standard，METS）这两种长期保存封装方案，其中 METS 出台的时间靠后，也更为通用。

# 51. 应采取哪些管理举措来实现电子文件长期保存

(1) 制定相关标准体系

数字信息资源长期保存是一项复杂而又艰巨的工作，数字信息资源长期保存的每一个环节都需要标准的支持。目前，由于数字信息资源长期保存标准的多样性和复杂性，尚无公认的数字信息资源长期保存的标准体系框架。从已有的研究来看，基本共识是在 OAIS 参考模型的基础上设计标准体系。

(2) 确定信息保存技术方案的基本策略

严格来说，目前并没有非常理想的信息保存技术方案，尤其是长期保存的技术方案。单靠个别的技术方法是远远不够的，因此需要在良好的管理基础上，综合多种方法来共同实施。

(3) 协调文件生命周期各阶段的长期保存职责

电子文件保存是涉及文件生命周期所有参与者的管理活动，在文件生命周期的每一个阶段都应考虑到保存问题，因而每个阶段的参与者都可被视为信息保存的责任者。在电子文件生成阶段，数字信息的形成者应选择适当的文件格式，以保证其长期存取性能；在电子文件流转、管理阶段，信息的管理者有可能采取加密、格式转换、压缩、权限管理等措施，这些措施对日后该文件保存的影响应有相应评估与对策；在电子文件的归档保存阶段，文件保管者应综合采取各种长久存取的方法以确保信息在其保管期限内的可读性。因而，在文件生命周期的各个阶段，与其相关的各类责任者应有所协调，维护电子文件的长久保存。

## 52. 电子文件长久保存格式的要求是什么

目前已有部分国家出台了格式管理方面的规范，我国也颁布了档案行业标准《版式电子文件长期保存格式需求》（DA/T 47—2009）。标准没有指定具体可用的格式，而是以版式文件为例对如何选择格式提出了要求。

国内外现有标准和实践表明：电子文件长期保存格式应该是开放的、容易使用的、低依赖性的、标准化的。

(1) 格式开放

即要求有公开发表的相应标准和技术规范,没有专利和许可的限制,厂商中立,有与产品无关的专家组、标准化组织和产业联盟等维护和支持该格式等。

(2) 容易使用

即存在常见的、容易为用户获得的阅读工具。常用性可能和其他几个尺度存在一定的矛盾,需要加以权衡。

(3) 低依赖性

即不绑定软硬件,能被多种操作系统和硬件平台支持,文件的阅读不依赖于特定的阅读软件。

(4) 标准化

即格式经历了较为严格的正式标准化过程。

# 53. 如何进行电子文件格式管理

任何一种格式都存在生命周期，所以格式选择仅是电子文件长期保存中解决格式问题的第一步，对于需要长久保存电子文件的机构而言，需要开展完整的格式管理活动。

(1) 选择确定长久保存格式

应依据有关标准和国内外最佳实践，选择各类电子文件的长期保存格式。尽量采用成熟的，已经为国内外档案馆、图书馆以及其他数字保存机构正式采纳的格式。

(2) 识别电子文件的格式

即判断电子文件的格式。世界上已有一些组织建立了计算机文件格式库。格式库是关于文件格式表征信息的知识库，对多种文件格式的语法和语义特征予以登记，描述了电子文件长久保存过程中有关文件格式的关键属性，为电子文件的长久保存提供了文件格式方面的支撑信息。可以充分利用格式库及其相关工具，识别文件格式，描述其属性信息。

(3) 验证格式的合规性

即通过格式信息的分析，判断其是否符合本单位对于长久保存格式的规定。

(4) 格式迁移

对不符合长期保存要求的文件格式，利用有关工具开展格式的迁移工作，并记录迁移过程和迁移结果。

(5) 风险评估

跟踪技术的发展，评估现有格式老化、过时风险。可以利用国际上已有格式登记，以及格式库管理机构的研究成果和预警信息，适时开展恰当的迁移工作，形成格式管理的良性循环。

# 54. 如何选择电子文件的保存载体

在选择载体时,应重点考虑如下因素。

(1) 寿命

载体寿命是指对所保存数据有效保存时间长度。在此期间,电子文件数据可以保证其完整准确。

(2) 性能与成本

应就存储密度、存储容量、存取速度等载体性能指标进行综合评价。一般而言,存储密度越高,存储容量就越大,就越有利于降低存储空间和存储成本。各机构在选择载体时应结合自身实际,根据需要存储的数据容量选择,并使载体的实际数量可控。

(3) 标准

载体的规格(包括载体的几何尺寸、存储密度、奇偶校验等)、信息记录在载体上的文档识别方式,以及记录方法等应遵从国际和国家标准,载体及其支持的硬件和软件最好基于成熟的但不一定是领先的技术。

(4) 良好的保护特性

载体应具备公认的、稳定的、持久的性能,允许用户方便地确定载体对各种因素影响的反应,如温湿度变化、污染物的影响等;允许用户较容易地检测载体的质变,发现载体存在的问题。介质还应该具备物理损坏低敏感性,允许较为宽容的保管条件。如磁介质应该有高矫顽力值,以尽量降低外部磁场导致数据丢失的风险。

(5) 载体检测技术

载体在读取和写入数据时应支持较为健壮的错误检测方法,如提供介质写操作后的完整性检测,当发生数据丢失时可使用有关的数据恢复技术。用于归档或长久保存的载体尽量一次性写入,或者有一种可靠的写入保护机制,以防止意外的删除,充分维护数据的完整性。

## 55. 磁介质载体的保护应注意哪些方面

(1) 控制适宜的温湿度

温湿度是影响电子文件载体耐久性的重要因素,因此要保证库房温湿度的相对稳定。根据《磁性载体档案管理与保护规范》(DA/T 15—1995) 的规定,应在温度 15℃～27℃、相对湿度 40%～60% 的范围内选定一组值,推荐最佳保管温度为 18℃,相对湿度为 40%。

(2) 防止外来磁场

磁性载体是依靠剩磁强度来进行信息的记录和

重放的，因此需要尽量杜绝外来磁场造成的影响。外来磁场作用于磁性载体上，能使磁性涂层的剩磁发生消磁或磁化，造成信号失落或信噪比降低，破坏记录信息。在电子文件保存和使用过程中，磁性载体与磁场源（永久磁铁、马达、变压器等）之间应保持一定的距离；可使用软磁物质（软铁、镍铁合金等）制成箱柜，对磁场进行屏蔽；在存有重要电子文件的库区设置测磁设备，以检测隐蔽的磁场。

(3) 防止灰尘

灰尘的影响对电子文件载体危害极大，它可以造成电子文件载体的物理损伤、化学损伤和生物损伤。灰尘污染或划伤磁盘、磁带表面，会造成其物理损伤，引起记录信息的损失；灰尘中所含的化学成分，会不同程度地引起磁腐蚀、降解等化学作用而毁坏电子文件。

(4) 防止机械震动

机械磨损和强烈震动，也能对电子文件产生破坏。磁盘、磁带在驱动器内高速运行，长期使用会使它们摩擦损伤，使记录信息丢失。

(5) 避免强光

强光尤其是紫外线对磁性载体有很大的破坏力。它能与电子文件制成材料发生氧化反应，使磁盘、磁带的盘基、带基老化，脆性增大，强度下降；同时，紫外线的能量足以破坏磁性载体的剩磁的稳定性，导致信号衰减，影响磁性记录信息的读写效果。因此需要做好防光工作，要严防强光的影响，不要让室外光线直接照射在磁带上。

## 56. 光介质载体的保管有何具体要求

（1）控制温湿度

光盘应保存在低温干燥、恒温恒湿的环境中。在适宜的温湿度条件下，光盘老化衰变比较缓慢；但高温高湿环境会加速光盘材料的化学反应速度，造成记录层染料褪色、反射层氧化、盘基变形等现象。根据《电子文件归档光盘技术要求和应用规范》(DA/T 38—2008)，光盘适宜的保存、工作环境的温湿度参考值如表 2 所示。

表 2　光盘保存、工作和检测的温湿度条件

| 项目 | 温度 | 温度梯度 | 相对湿度 | 湿度梯度 |
| --- | --- | --- | --- | --- |
| 保存环境 | 4℃～20℃ | 15℃/h | 20%～50% | 10%/h |
| 工作环境 | 15℃～35℃ | 10℃/h | 45%～70% | 10%/h |

（2）避免盘面损伤

光盘盘面的平直度是影响光盘数据读出的重要因素。为避免盘面损伤，应注意使用习惯和环境卫生，防止灰尘等异物对盘面的划伤，防止人为不当接触导致的机械损伤。

（3）保证光盘刻录质量

光盘的刻录质量是光盘数据耐久性的重要保证。光盘刻录应选用经检测性能优良的光盘刻录机，数据刻录工作环境应符合温湿度的基本要求，刻录前光盘应在工作环境中放置 2 小时以上。归档数据刻录时应采用中速刻录，即 CD-R 光盘采用 24～40 倍速刻录速度，DVD-R 光盘采用 8～12 倍速刻录速度，并采用全盘一次刻完方式。

（4）及时检测

电子文件保存机构或部门建立定期检测制度，监控已归档光盘的关键技术指标，适时实施光盘的

数据迁移。

(5) 加强日常管理

光盘在长期的使用过程中必须注意日常管理活动中的细节。首先是尽量减少使用；其次是养成正确的使用习惯，保存光盘时应垂直置放，不使用的光盘保存在串轴盒或光盘盒内，禁止使用刻录机读取光盘等。

## 57. 电子文件的检索与利用应遵循哪些原则

(1) 便利原则

电子文件管理机构或部门应注重检索和利用的便利性,提升相关工作人员的工作效率,并使最终用户能够获得良好的利用体验,激发用户的利用热情,避免因不能及时利用而导致文件价值不能有效发挥的情况。

(2) 经济原则

电子文件的检索与利用应符合经济原则。对于最终用户来说,能够以更低的经济代价获取所需要的电子文件。对于电子文件管理机构和部门来说，能够以更低的经济成本提供有保证的检索利用服务。

(3) 适度原则

适度原则是指在特定阶段以适当的代价达到检索利用的实用性目标。例如，对不同价值的电子文件采取不同强度的利用保护措施。

(4) 安全原则

应综合采用各种有效的安全保护措施，确保检索和利用的安全，保护文件的完整性和真实性，保护机密电子文件信息不受侵害，保护有关文件的知识产权。

## 58. 电子文件检索与一般信息检索有何区别

电子文件检索与一般信息检索所采用的检索技术和检索方法虽然在体系架构上基本相同,但因电子文件的特殊管理要求,电子文件检索具有自己的显著特点。两者的主要区别如下。

(1) 对预处理的要求不同

一般信息检索主要针对已有数据自动构建索引,在预处理过程中一般不需要人工参与;电子文件检索为实现更高的检索质量,在预处理过程中,需要对电子文件本身及其背景信息进行良好著录,部分著录项需要人工参与,以改善检索效果。

(2) 可支持的检索方式不同

电子文件检索具有明确的检索对象,因而电子文件检索能够支持更为明确和强大的检索条件,除了一般信息检索所需要的全文检索之外,电子文件检索系统还需要支持文件级检索、案卷级检索以及针对元数据的检索。

(3) 检索结果处理要求不同

电子文件检索需要保证检索结果满足文件权限控制和安全要求,所得到的检索结果除了可以在线浏览之外,还可以开展摘录信息服务、生成检索报告和打印输出等操作;而一般的信息检索通常不需要这些操作。

# 59. 电子文件检索方法有哪些

(1) 布尔逻辑检索

利用逻辑或（or）、逻辑与（and）、逻辑非（not）等布尔逻辑运算符表达检索需求，是使用面最广、频率最高的一种检索方法。

(2) 近邻检索

又称为位置算符检索，是用特定的位置算符表示检索词与检索词之间的位置关系，以表达更为确切的检索要求。

(3) 字段限制检索与短语检索

字段限制检索是把检索词限定在某一特定的字段范围内进行检索；短语检索是检索出与指定字符串短语完全匹配的结果，避免检索式将专指概念拆分导致无效检索结果过多。

(4) 加权检索

在检索时，给每一检索词一个表示其重要程度的权值，然后对含有这些检索词的文件信息进行加权计算，其和在规定的临界值以上者，作为答案输出。

(5) 截词检索

将检索词在用户认为合适的地方截断，让计算机按照检索词的局部片段同索引词进行对比，将所有满足截词要求的文献作为答案输出。

(6) 联想检索

用户在执行检索时，同时显示与当前检索条件相关联的其他检索条件，如与检索词意义相同或相近的主题词。

# 60. 电子文件提供利用的常见方式有哪些

电子文件提供利用的常见方式有以下几种。

（1）网络利用

网络利用是指借助于网络为用户提供服务。Web 网站是最为常见的网络服务形式，是目前提供电子文件利用的主流方式，用户通过网络可以浏览、下载、打印相关电子文件。电子邮件是另一种网络服务形式，一些个性化利用需求可通过电子邮件进行。

（2）咨询服务

文件、档案人员以电子文件信息为依据，以口头或书面形式，为用户解答有关电子文件及其管理状况的问题的一种服务方式。

(3) 集中阅览

指开辟阅览室，供利用者直接查阅利用电子文件。这种方式可以保证利用的质量，提高利用的效率，保护文件安全。

(4) 复制供应

指提供电子文件及其信息加工产品的各种载体形式的复制件，如将文件复制到脱机介质（可以是安全介质），也可提供打印件、晒印蓝图、转换成缩微胶卷/胶片等。

# 61. 档案馆如何开展电子文件的利用工作

(1) 改进服务理念,提升用户体验

档案馆的利用工作是一项服务性的工作,服务主体是档案馆工作人员,服务对象是各社会机构和普通公众,要始终坚持培养工作人员的文件服务意识。同时,档案馆应提供便捷、免费或低成本、无障碍的电子文件利用方式,不断改善用户体验。

(2) 完善文件利用政策

国家层面应不断完善与文件利用有关的法律法规,明确电子文件的利用范围,指导和约束文件管理部门的具体利用政策；档案馆在遵循法律法规的前提下，制定本单位具体的文件利用政策，保证文件利用不因人而异。

(3) 做好利用的基础工作，加强内容开发

档案馆应加强电子文件信息的组织与存储；不断提高电子文件的在线数量；提供良好的检索功能；加强对电子文件的二次开发利用，不断建设专题数据库；增加可以利用的电子文件种类。

(4) 提供多元化手段，满足不同的利用需求

档案馆不但要提供在线查找利用，满足普通公众的常见需求，而且要提供适当的人工服务。当用户在线检索失败后，还可以电子邮件等方式继续提出检索需求，结合人工服务，满足特殊文件利用需求。

# 技术与安全篇

# 62. 有关电子文件的管理系统有哪些

电子文件在其生命周期全程涉及的系统形态可以划分为以下三类。

(1) 业务系统 (business system, BS)

即生成或管理业务活动数据的自动化系统, 旨在为机构和用户之间开展业务提供便利。这类系统包括 OA (办公自动化)、CAD (计算机辅助设计)、ERP (企业资源规划系统)、HR (人力资源管理系统)、CRM (客户关系管理)、PDM (产品数据管理) 等。业务系统是形成电子文件的系统。

(2) 电子文件管理系统（electronic records management system，ERMS）

是应用于电子文件形成单位的，旨在捕获电子文件并实施维护、利用和处置的专业系统。按照《信息与文献 电子办公环境中文件管理原则与功能要求》（ISO 16175）的规定，ERMS 是"为业务活动提供证据而对电子化生成文件进行形成、利用、维护和处置的自动化系统。这些系统要维护恰当的背景信息（元数据），将文件与其证据支持相联系"。

(3) 电子文件长期保存系统

也称数字档案长期保存系统或者数字档案馆系统。这类系统是致力于以正确和可被独立理解的方式长期保存电子文件信息的可信数字仓储系统（trustworthy digital repository，TDR），其核心功能是真实长久地保存馆藏数字资源。

需要说明的是，这三种系统形态在实际环境和软件产品中并不一定以独立的软件形式出现，可能存在复杂的交叉组合关系。如由于文档一体化和全程管理思想的贯彻，在国外常有 EDMS/ERMS（或者叫 EDRMS）的说法。

# 63. 业务系统应具备哪些电子文件管理功能

不同业务系统具备的电子文件管理功能不同，与业务系统中电子文件主要表现形式、特点以及ERMS的实现方式有关。

如果采用嵌入业务系统的方式来实现ERMS，那么业务系统应具备所有ERMS的功能；如果选择采用独立于业务系统的方式来实现ERMS，那么业务系统需要为业务流程提供支持，并为ERMS作准备。具有共性的电子文件管理功能包括文件编号、模板设置和应用、分类、流程定制、元数据管理等。

## 64. ERMS 与一般档案计算机辅助管理系统的差别是什么

ERMS 负责管理为了维护文件的证据价值而进行的有效控制的过程，包括电子文件的捕获登记、分类、统计、检索利用、存储、处置等环节。我国机构目前使用的对应系统绝大部分都是档案计算机辅助管理系统，这类系统和 ERMS 有非常明显的区别，并不具备核心的管理电子文件的能力。传统的面向档案室的档案计算机辅助管理系统和机构 ERMS 的区别主要表现在如下方面。

(1) 管理对象不同

档案计算机辅助管理系统的管理对象主要是目

录信息以及纸质文件扫描后的数字版本。而 ERMS 则主要管理电子文件,当然也包括纸质文件,以及其他各种载体形态的文件。

(2) 主要功能不同

管理对象的不同,决定了两类系统的核心能力有所区别。档案计算机辅助管理系统是手工管理的辅助系统,能实现档案数据的录入、存储、检索和利用等功能,不负责维护实体档案的真实性、完整性。ERMS 功能更加全面和深入,支持自动捕获电子文件及其相关元数据,支持日志管理和审计追踪等,负责维护进入 ERMS 的电子文件的真实性、完整性、可用性和安全性。

(3) 技术水平不同

档案计算机辅助管理系统功能主要集中于数据登录和报表打印,很难自动完成某项功能。ERMS 的技术水平则较高,往往能够自动或半自动地执行某些操作,比如自动捕获文件及其元数据、自动鉴定等。

随着纸质文件向电子文件的过渡,面向机构档案室的计算机辅助管理系统要按照 ERMS 的功能要求进行升级。

# 65. ERMS 的实现方式有哪些

(1) 嵌入式

所谓嵌入式，是以机构内部产生电子文件的业务信息系统为母体，将电子文件管理的某些功能和技术措施嵌入其中，并与独立实施的 ERMS 集成，共同组成机构的 ERMS。ERMS 的业务员端，可以执行文件的生成、元数据的捕获、文件的登记、鉴定和归档等功能，肩负着以恰当的格式，在恰当的时间，归档恰当的文件的任务；ERMS 的文件管理员端，则执行登记、鉴定、归档的辅助功能，以及电子文件的整理、检索、处置、利用、统计、报表制作、迁移等功能，肩负着集中存储和管理电子文件的任务。

（2）独立式

独立式是相对嵌入式而言的，即 ERMS 以独立于业务系统的方式实施。对于某些复杂系统，可以采取松耦合的方式实现业务系统与 ERMS 直接的联系，如地理信息系统、专家系统。独立式并不意味着电子文件在管理上各行其是，而是同样需要遵循全程管理的原则，只是对于业务系统文件管理的要求采取"黑盒模式"。ERMS 在系统功能上与业务系统进行协调，主要表现在接口规范上的要求，而不直接影响业务系统内部的技术框架。如此，业务系统可以通过完善内部功能，尤其是对需归档的电子文件的格式选择和元数据方案进行调整，以满足接口规范的要求。因而在独立式环境中，归档电子文件的真实性、完整性首先是由业务系统自身来负责的。

# 66. ERMS 核心功能是什么

根据国内外关于 ERMS 功能需求的研究成果，ERMS 一般应具有如图 6 所示的功能。

(1) 配置

配置是 ERMS 功能得以发挥的前提。ERMS 需要对分类方案、保管期限表、元数据方案等文件管理工具提前进行配置。

(2) 捕获登记

捕获是将业务活动过程中生成或接收到的数据对象作为文件与其元数据一起保存到 ERMS 中的过

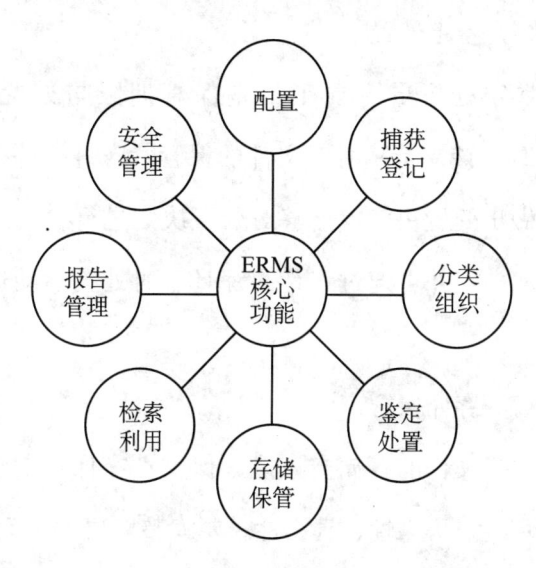

**图 6　ERMS 核心功能结构参考示意图**

程。登记的主要目的是证明文件已经形成并进入到文件系统中，登记时会分配给文件一个系统唯一的标识符。

（3）分类组织

分类组织实质是对 ERMS 管理范围内的对象，包括全宗、类目、案卷、文件等层级的有序化管理。分类就是根据文件的各种特点分门别类，表征文件之间的联系。电子文件的分类不仅能够使文件管理更加条理化，也是实施其他电子文件管理功能必不可少的前提。

(4) 鉴定处置

鉴定处置的主要工具是保管期限与处置表。ERMS应该支持随时对文件的保管状态进行调整并及时做出处置决定，能够对处置决定进行自动或者手动实施，并可通过审计跟踪日志对处置活动进行记录。

(5) 存储保管

电子文件的存储应该能确保文件在保存期限内的可用性、可靠性、真实性。要完整解决这个问题，需要在文件整个生命周期中考虑与维护、保管和存储相关的问题。ERMS应该支持文件的迁移、转换等长期保存方法，能够对迁移前后数据的准确程度进行比较，并对迁移过程进行记录。

(6) 检索利用

ERMS应该提供多种检索、导航功能，确保文件的安全和保密，并对利用过程进行记录。

(7) 报告管理

报告管理功能要求对重要的管理行为和系统行为进行监督和统计，包括系统用户和资源的管理、系统功能的配置、操作权限的分配等，同时对系统运行的各方面表现进行监控并做出报告。

(8) 安全管理

电子文件安全管理的手段包括身份认证、权限管理、审计跟踪、电子签名等。ERMS应支持多种用户身份认证机制，如以用户名/密码、数字证书、指纹识别等方式来确认用户身份；ERMS必须提供权限管理，对用户的权限与系统分类方案下电子文件等实体的访问进行安全管理等。

# 67. 为什么要对 ERMS 开展标准符合性测试

所谓系统的标准符合性测试,就是以某个标准为准绳,就系统是否符合标准的要求进行测试。ERMS 标准符合性测试,一般是按照 ERMS 功能要求规范的要求所开展的测试,其目的是判断某个 ERMS,通常是厂商提供的商业现货产品(COTS)是否具备功能要求规范所规定的功能。标准符合性测试一般由具有系统测试资质的第三方开展。美国、英国、德国、欧盟等国家和地区都先后根据其自身的 ERMS 功能要求规范开展了系统标准符合性测试,通过测试的产品,可以获得测试方颁布的认证证书。

ERMS 标准符合性测试的作用主要体现在如下三个方面。

(1) 有助于提升 ERMS 产品的质量

现在市场上 ERMS 质量参差不齐,标准符合性测试帮助用户对 ERMS 产品的质量进行了初步的筛选。

(2) 有助于提升标准的生命力

ERMS 功能要求标准一般都是推荐性标准。基于标准对市场上的 ERMS 产品进行测评,用硬性指标来检测标准的遵守程度,极大地提升了标准的生命力。

(3) 有助于国家政策目标的实现

通过 ERMS 测试,可以建立 ERMS 准入机制,鼓励引导政府机关、企事业单位采购通过测试的系统。执行这样的制度政策之后,不达标系统将会被清除出市场,可以实现科学管理,意味着国家政策目标低成本得到实现。

因此,《国家电子文件管理工作规划(2011—2015 年)》(厅字〔2011〕9 号)中明确将电子文件管理测评、认证认可工作作为一项重要的内容提上议程。中国人民大学电子文件系统测试中心已经率先开展了基于《电子文件管理系统通用功能要求》(GB/T 29194—2012)的 ERMS 标准符合性测试工作。

# 68. ERMS 建设的主要过程包括哪些步骤

机构 ERMS 建设过程主要包括可行性论证、规划、开发、实施、维护和更新等阶段，另外，对整个项目建设过程都要开展包含变更管理、风险管理、文档管理等在内的项目管理。ERMS 建设各阶段的工作内容存在一定的交叉关系，并非完全按照线性的顺序展开，如若必要，可以在系统建设的任何阶段，返回到之前的任何一项工作。

(1) 可行性研究

ERMS 的建设是一项牵扯部门较多、耗时较长、潜在投资较大的复杂工作。在确定上马系统项目之前，要从必要性、可能性、成本、收益、风险等几个方面研究系统建设的可行性，避免盲目投资。

(2) 系统规划

一旦作出建设 ERMS 的决策，就要从机构全局对建设工作进行统一规划，为系统开发做好充分的准备。系统规划阶段的主要工作内容包括：初步调查，即初步掌握机构内电子文件及其管理的环境、情况和需求；系统定位，即明确所建 ERMS 的管理范围、实施范围、实现方式；项目预算，即确定资金投入和项目周期；组织建设，即建立跨专业、跨部门的项目团队；拟定日程表，即制订项目建设计划，合理调配人员、物资和资金等。

(3) 系统开发

系统开发阶段的主要任务是开发出一套适合机构需求的 ERMS。主要工作内容包括：业务分析，即针对所要管理的电子文件的业务领域，选择合适的方法和工具对业务进行分析，掌握业务产生、管理、利用文件的要求，为文件管理规范的制定和系统功能需求分析奠定基础；规范制定，即分析既有的制度规范,结合国家现有相关标准规范的要求,明确需要新建或修订的内容,着重准备文件分类方案、文件保管期限与处置表、元数据方案等系统实施时必备的管理规范;需求分析,即机构应根据文件管理现状调查的情况,结合《电子文件管理系统通用功能要求》以及相关标准规范,定义符合机构业务和文件管理实际情况的系统功能需求,定义系统的物理结构和逻辑结构;软件购买或开发,即根据一定的标准从市场上挑选商业现货产品并开展必要的定制,或自行开发软件,同等条件下,优先选择通过《电子文件管理系统通用功能要求》标准符合性测试的软件。

(4) 系统实施

系统实施的主要任务是将开发完毕的系统交付使用。其主要工作内容包括系统配置、系统测试、试点应用、推广、培训等。在系统实施阶段,还应处理好机构内遗留系统的数据向新建 ERMS 的迁移工作。

(5) 系统维护

应选择合适的系统维护团队和人员,从管理、制度、技术等方面支持 ERMS 日常运行。应及时制定、修订电子文件管理所需的制度规范,对相关人员开展持续的培训,做好系统的备份和应急方案。应跟踪业务、法规、社会期望对于机构电子文件管理要求的变化,跟踪技术的发展,对系统建设效果进行定期评估。

(6) 系统更新

当机构的文件管理需求发生较大变化时,按照可行性论证、规划、开发、实施的过程启动系统更新工作。

(7) 项目管理

对整个 ERMS 项目建设过程应该予以科学的管理,包括成本管理、风险管理、变更管理和文档管理,按照《计算机软件文档编制规范》(GB/T 8567—2006) 编制文档,并将文档纳入到 ERMS 当中管理,保证项目按时保质地完成。

# 69. 电子文件长期保存系统应具备哪些功能

国际上对于电子文件长期保存系统的功能设计一般参考 OAIS 参考模型（ISO 14721：2003，the open archival information system reference model，开放档案信息参考模型），这是一项基于信息长期保存与获取的国际标准。OAIS 的功能模型包括收集（ingest）、档案存储（archival storage）、数据管理（data management）、系统管理（system administration）、保存规划（preservation planning）、访问（access）等功能实体，如图 7 所示。

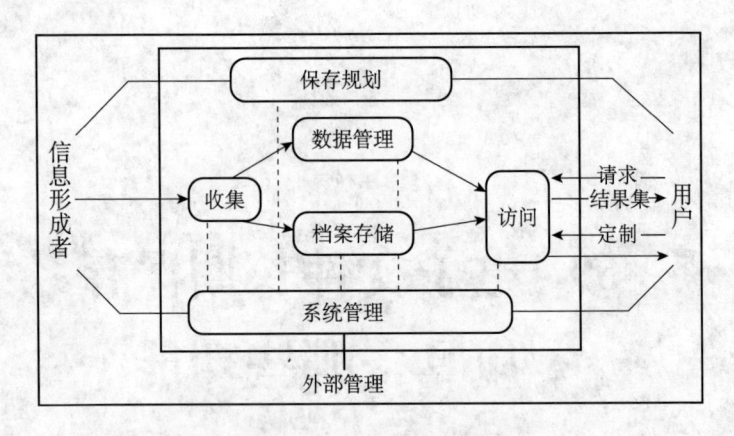

图 7  OAIS 的功能模型

（1）收集

该功能模块是与信息形成者联系的接口，负责接收信息、管理接收过程中所有程序，以便对信息加以档案存储。

（2）档案存储

该功能模块负责数字信息的长期存储与维护，保证归档的内容处于适当的存储状态，维护数字信息的长期完整性与可读性。

（3）数据管理

该功能模块负责维护用以支持查找的描述性元数据数据库；管理用以支持内部系统操作的管理性数据，如系统执行数据或存取统计数据。

(4) 保存规划

其主要功能是制定 OAIS 的保存策略,并根据外部环境的变化,推荐适当的修订建议。

(5) 访问

该功能模块代表 OAIS 系统与用户进行直接交互,为用户提供信息的定位、查询请求和接收传输等服务。

(6) 系统管理

主要负责 OAIS 系统的日常运作。作为 OAIS 内外部交互的中心,它既与其他 5 个模块进行合作,又与 OAIS 外部的信息形成者、用户和外部管理产生直接的交互。

# 70. 如何理解电子文件长期保存系统的信息模型

信息模型在数字资源长期保存活动中占据着非常重要的地位，它揭示了信息对象及其信息结构的模型，直接影响着在保存系统中选择什么作为存储对象以及怎么描述这些对象。

OAIS 不仅提供了数字信息保存系统的较为详细的功能模型，而且提出了长期保存数字对象的信息模型。其中信息包作为其信息模型的基本要素，是实现 OAIS 功能的基本保障。在 OAIS 功能模型中存在着三类信息包。

(1) 提交信息包（SIP）

SIP 是由信息生产者提交给 OAIS 的信息包，它的形式和具体内容通常由信息形成者和 OAIS 协商决定。

(2) 档案信息包（AIP）

AIP 是由 OAIS 保存的符合永久或长期保存属性的信息包。

(3) 发布信息包（DIP）

DIP 是 OAIS 基于信息用户需求请求而传递给用户，从一个或若干个 AIP 中提取出来的信息包。

SIP、AIP、DIP 共同描述了信息在收集、保存、管理、获取整个过程中的变化过程，其中 AIP 是长期保存的关键和中心点。

# 71. 什么是元数据

元数据（metadata）的一般性解释是"关于数据的数据"（data about data）。在不同领域，因为"数据"的概念和属性不同，元数据的含义亦有所不同。比如在图书馆领域，元数据是图书的编目信息；在数据仓库领域中，元数据被定义为描述数据及其环境的数据；在软件构造领域，元数据被定义为通过其值的改变来改变程序的行为的数据。

元数据最基本的功能是定义和描述数据。通过定义和描述数据，可以支持对其所描述的数据对象的定位、查询、交换、追踪、访问控制、评价和保存等诸多管理工作。

元数据虽然是信息技术应用之后才出现的新词，但是其概念却存在已久，在图书目录卡片、档案案卷封皮、文件的注脚、产品说明书中，都包含着描述图书、档案案卷、文件、产品的元数据。在传统的管理中，元数据大多分散，需要重复记录，结构化、标准化程度不高。在信息系统中，要通过结构化的、集中的、标准化的元数据实现对其所定义和描述对象的高效管理。

## 72. 什么是元数据元素

元数据元素（metadata element）是独立的元数据单元，管理元数据，就是对元数据元素及其取值（value）的管理。

一般需要通过标识、定义、约束性、值域等一组属性来界定和描述元数据元素。其中标识是指用来标志、识别元数据元素的符号或代号；定义是对元数据元素含义的描述；约束性是指元数据元素的强制性程度，分"必选"、"条件选"和"可选"，"必选"表示总是强制采用，"条件选"表示在特定环境和条件下必须采用,"可选"表示可采用也可不采用,由用户根据需要确定;值域是指元数据元素的取值范围。

以一份标题为"关于加强电子文件管理的决定"的公文为例,可以用"标题"、"拟稿人"、"签发人"、"签发时间"等多个元数据元素来描述它,其中"标题"这个元素的值是"关于加强电子文件管理的决定"。

# 73. 什么是元数据的语义和语法

所谓语义，是指词语的含义；语法，则是词语之间的结构关系。元数据的语义和语法，包含元数据元素和元数据值的语义和语法。

我们以公文元数据"时间"为例，首先要明确其是拟稿时间、审批时间，还是发布时间，这就是元数据元素的语义。如果取值"2000-02-03"，则需要确定其含义是2000年2月3日，还是2000年3月2日，这是由"时间"这个元素值的语法规则决定的。这个规则应该定义元数据值由哪几个部分组成，各部分的结构关系是什么。如果我们认为"时间"可以包含"交稿时间"、"印刷时间"、"出版时间"等,那么"时间"就是母元素,"交稿时间"、"印刷时间"、"出版时间"就是子元素,它们之间就是母子关系,这是由元数据元素的语法所定义的。

## 74. 什么是电子文件元数据

根据国家标准《信息与文献 文件管理 第 1 部分：通则》（GB/T 26162.1—2010/ISO 15489—1：2001）的定义，在文件管理领域，元数据是指描述文件内容、结构、背景及其管理过程的信息。根据这个定义，电子文件元数据就是指描述电子文件内容、结构、背景及其管理过程的信息。可以看出，电子文件元数据是个覆盖面很大的概念，其描述的对象主要是电子文件的全貌（内容、结构、背景是经典的文件三要素）和它的管理过程，这意味着在电子文件整个生命周期中,都将伴随着元数据的产生。

按照元数据的形成阶段和形成目的,电子文件元数据一般可以分为三类:支持电子文件形成业务的文件形成元数据,支持电子文件管理活动的文件管理元数据(recordkeeping metadata),以及支持电子文件长期保存的长期保存元数据(preservation metadata)。

# 75. 电子文件的元数据是如何形成的

电子文件元数据具备持续形成、选择积累、应需增加的特点。文件生命周期中每一阶段的活动都会产生元数据，前一阶段的关键元数据将随着文件一起进入下一个阶段及其系统，另外的元数据则与之分离。在此过程中，有时可能因为某种需要临时性地增加元数据。比如，ERMS 向长期保存系统移交文件的时候，为了保证文件长期可读，可能需要临时增加大量技术环境类元数据，除了文件格式外，还注明软件产品及其版本号、压缩类型、字符编码方案、软件商信息、阅读环境的最低要求等。电子文件元数据的行程好比一条不断汇聚的河流，沿途会消耗掉一部分水分，同时也不断有新的河水注入其中，如图 8 所示。

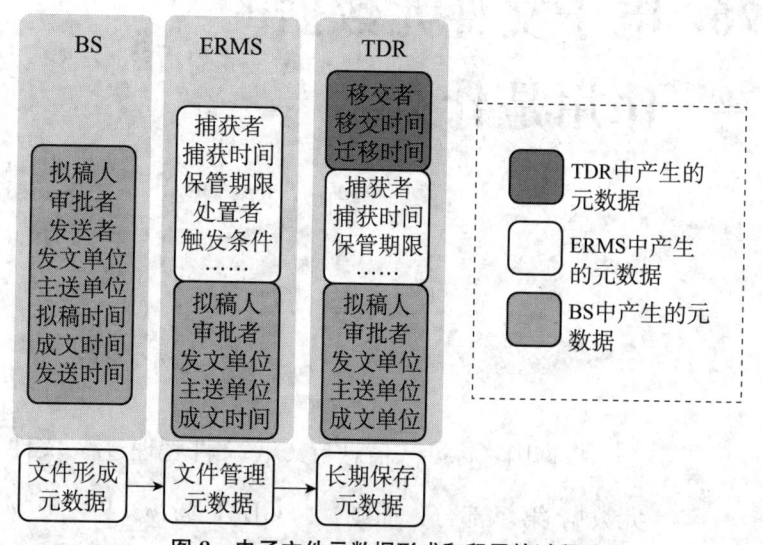

| BS | ERMS | TDR | |
|---|---|---|---|
| | | 移交者<br>移交时间<br>迁移时间 | ■ TDR中产生的元数据 |
| 拟稿人<br>审批者<br>发送者<br>发文单位<br>主送单位<br>拟稿时间<br>成文时间<br>发送时间 | 捕获者<br>捕获时间<br>保管期限<br>处置者<br>触发条件<br>…… | 捕获者<br>捕获时间<br>保管期限<br>…… | □ ERMS中产生的元数据 |
| | 拟稿人<br>审批者<br>发送者<br>发文单位<br>主送单位<br>成文时间 | 拟稿人<br>审批者<br>发文单位<br>主送单位<br>成文单位 | ▨ BS中产生的元数据 |
| 文件形成元数据 | → 文件管理元数据 | → 长期保存元数据 | |

**图 8　电子文件元数据形成和积累的过程**
注：图中所列元数据元素仅为举例，并不代表实际元数据元素。

# 76. 电子文件元数据的作用是什么

根据国家标准《信息与文献 文件管理过程 文件元数据 第 1 部分：原则》（GB/T 26163.1—2010/ISO 23081—1：2006），元数据以如下的方式为业务和文件管理提供支持：

第一，保护文件的证据特性并确保文件的长期可获取性和可用性。

第二，便于对文件的理解。

第三，支持并保证文件的证据价值。

第四，便于确保文件的真实性、可靠性和完

整性。

第五，对访问管理、隐私管理和权限管理提供支持和管理。

第六，支持高效率的检索。

第七，通过确保在各种技术环境和业务环境下可靠地捕获文件从而支持互操作策略，并使文件持续性地得到长久保存。

第八，在文件与其形成的背景信息之间进行逻辑链接，并以一种结构化的、可靠的和有效的方式维护这种链接。

第九，为识别形成和捕获数字文件的技术环境提供支持，同时对维护文件的技术环境的管理提供支持，以便在需要真实性文件时可以随时复制文件。

第十，为实现文件在不同环境、计算机平台或保管策略之间的有效迁移提供支持。

总之，电子文件元数据有助于保障电子文件的真实性、完整性、可读性，支持文件的安全管理，支持文件的高效检索，支持整个文件管理流程及其集成与优化。元数据是管理和保存电子文件系统的血脉。

# 77. 什么是电子文件元数据方案

电子文件元数据方案（metadata schema），是文件形成单位或保存单位对电子文件元数据元素的语义、语法、赋值及其相互关系（结构）的系统性规定。元数据方案是一个单位开展元数据管理工作的基本依据。为方便各单位自己制定元数据方案，增强元数据的标准化，提升系统的互操作性，有关部门会推出元数据标准。我们可以认为元数据标准是经过标准化组织认可的元数据方案，元数据方案是对于元数据标准的具体应用。

# 78. 电子文件元数据管理应包括哪些内容

电子文件元数据管理主要包括两个层次的工作内容。

(1) 元数据管理规则的制定、实施和维护

电子文件元数据管理的首要工作是制定规则。具体的规则包括元数据管理职责、元数据方案、元数据管理过程及其要求。元数据管理规则可以独立成文，比如元数据方案也可以嵌入到其他规则当中。

(2) 文件元数据的形成、捕获和管理

这是电子文件元数据管理的业务工作内容。根据元数据管理的规则,在不同的系统中产生、捕获、存储、维护、利用和处置元数据。元数据和文件一样,有生命周期与其对应的管理工作。

# 79. 电子文件元数据管理应该采取何种组织分工

根据国家标准《信息与文献 文件管理过程 文件元数据 第1部分：原则》的规定，机构内形成、捕获或管理元数据的所有员工都应该承担元数据管理职责，具体规定如下。

文件管理专业人员负责与文件相关的元数据的可靠性、真实性、可用性和完整性，并负责对使用者进行元数据捕获、管理和使用方面的培训。文件管理专业人员参与元数据要求的制定，负责制定相关的方针和策略并监督元数据的形成过程。

所有员工要保证其负责的文件管理元数据的准确性和完整性。

行政主管人员负责实施内部控制,确保用户、审计员、法官以及其他授权使用者能够信赖机构形成的信息,并负责为文件管理元数据及相关方针在机构内的使用提供支持。

信息技术人员负责保障用于捕获和管理元数据的系统的可靠性、可用性和完整性,负责建立文件管理元数据与对应的文件之间的链接,并对链接进行维护。

# 80. 电子文件及其元数据的关联关系有哪些

电子文件和元数据的关系主要包括如下几种。

(1) 包含

即文件当中包含元数据，比如一份公文的成文时间、一份设计图纸的作者等。

(2) 伴随

部分元数据是文件本身携带的属性信息，由操作系统或者应用软件自动记录，也可通过人工方式记录。我们可以通过鼠标右键点击文件属性来查看文件的一些元数据，比如一张数码照片，可以查看其宽度、高度、分辨率、设备制造商、快门速度等属性信息。如图 9 所示。

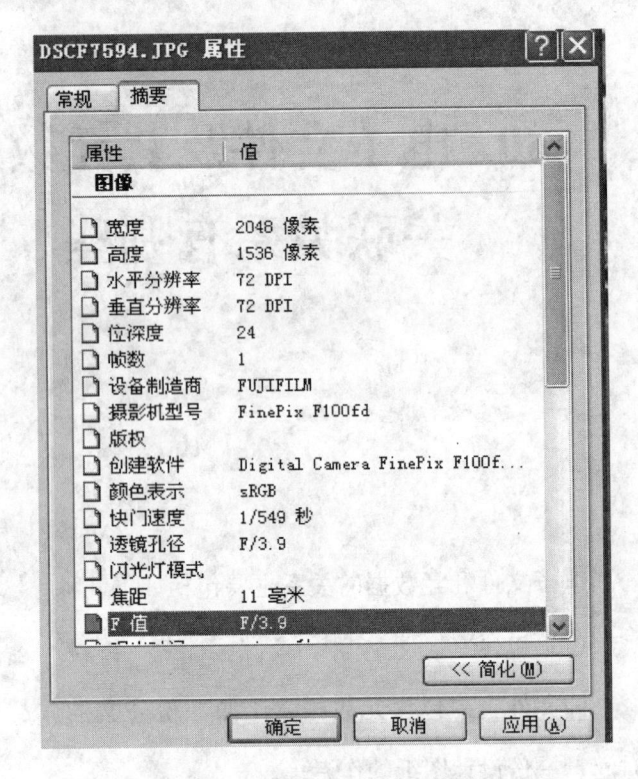

图 9 数码照片携带的元数据

(3) 链接

即文件及其元数据相互独立保存。比如文件保存在文件系统中,元数据保存在数据库中,除非有意识同步传递,否则这些元数据不会随着文件的运动而运动。通常会利用指针、链接的方式来维护二者之间的关联。

（4）打包

即采用一定的技术工具将文件和元数据物理地存放在一起，成为一个整体。这种方式有助于维护文件和元数据关联的稳定性。比如通过专门封装工具，将电子文件和元数据封装成一个计算机文件。我国2009年出台的行业标准《基于XML的电子文件封装规范》（DA/T 48—2009）就规定了电子文件封装的格式和要求。

# 81. 电子文件管理元数据的模型是什么

元数据模型以抽象的形式概括了元数据所描述的内容及其相互关系。

《信息与文献 文件管理过程 文件元数据 第 1 部分：原则》提出了文件管理元数据模型,《信息与文献 文件管理过程 文件元数据 第 2 部分：概念与实施》(ISO/TS 23081—2：2007) 则对之进行了详细阐述。ISO 23081 的元数据模型采用了实体及其关系的表达方法。所谓实体，是指"任何已经存在的、将要存在的或可能存在的具体的或抽象的事物，包括事物间的联系"。

ISO 23081 确定的元数据模型,包含文件、责任者、业务、法规、关系等五大实体,如图 10 所示。其中责任者是指负责或参与文件形成、捕获和(或)文件管理过程的个人、机构或团体,业务分为形成文件的业务和文件管理业务两部分,法规是指规范文件、责任者、业务的制度规范,关系是指文件、责任者、业务、法规这四类实体之间的相互关系。

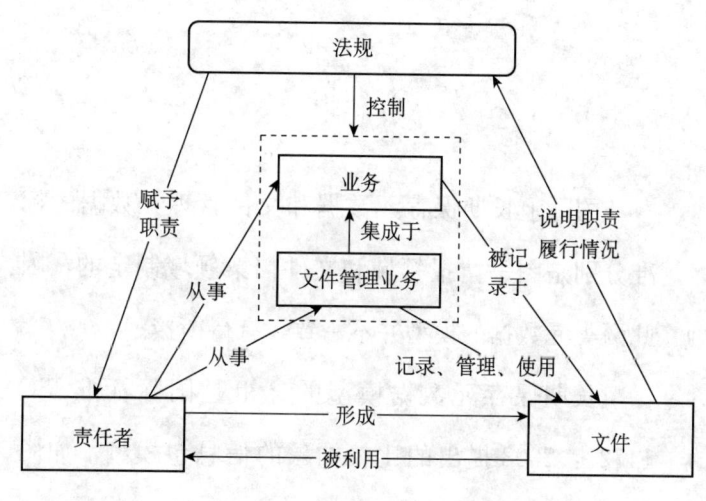

**图 10　文件管理元数据模型**

# 82. 长期保存元数据的模型是什么

　　国际上长期保存元数据和文件管理元数据的标准分别是图书情报领域和文件档案领域制定的，因此两类元数据的模型并不一致，有待衔接。

　　长期保存元数据模型的鼻祖是国际标准 ISO 14721：2003 提出的比较抽象的信息包模型，如图 11 所示。该信息包模型描述了内容信息、保存描述信息、封装信息，以及描述该信息包的描述性信息之间的关系。其中，内容信息指被保存的原始信息对象；保存描述信息是对内容信息提供足够保存机制的信息；封装信息是将内容信息和保存描述信息绑定在一起，使其成为一个完整的信息包；描述信息则是对信息包进行简单的特征属性描述，帮助用户检索需要的信息包。OAIS 的信息包模型是许多长期保存元数据项目、元数据标准或元数据方案设计的基础。其中最具影响力的便是 PREMIS（preservation metadata：implementation strategies）元数据。

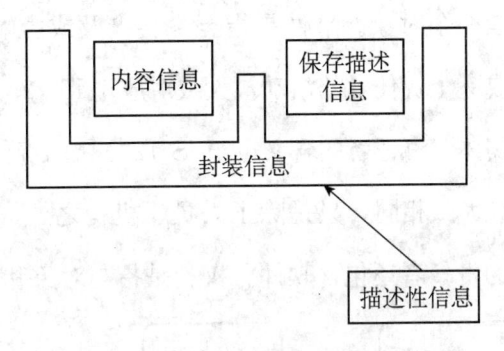

图 11　OAIS 信息包概念模型

PREMIS 项目由非营利性组织联机计算机图书馆中心（online computer library center，OCLC）和研究图书馆组织（research library group，RLG）于 2003 年共同发起，旨在提出在数字资源的长期保存过程中实施保存元数据的具有可操作性的指导方案。

2005年推出 PREMIS 数据字典 1.0 版，此后持续更新，截至 2012 年 7 月的最新版本是 2.2 版。

PREMIS 数据模型定义了在数字保存活动中的五个实体：智能实体、对象、事件、权利、责任者。如图 12 所示。其中智能实体是指被管理和描述的独立的智能内容单元，可能由一个或多个对象实体构成。对象是指数字信息的具体单元。例如一本书是一个智能单元，由 200 页扫描图片构成，每一页图片都是一个对象。事件是指至少会涉及或影响一个对象或一个责任者的活动，大致对应于 ISO 23081 的业务实体。责任者的含义也与 ISO 23081 的责任者实体含义大致相同，只是除了人员、机构之外，PREMIS 的责任者还包含软件。权利是指与对象和（或）

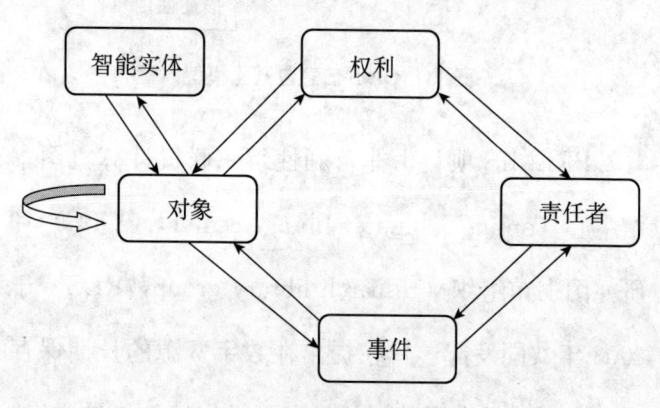

**图 12　PREMIS 的数据模型**

责任者相关的关于权利或许可的申明。

PREMIS数据模型并非直接针对电子文件,而是包含所有类别的数字信息对象;因此在使用的过程中还需要根据文件的特点进行改造,也需要和文件管理元数据衔接。

# 83. 如何设计文件元数据方案

设计工作的主要内容如下。

第一，明确文件元数据方案所服务的系统类型及其功能定位。不同类型及功能定位的系统，元数据的作用是不同的，具体元素也会有所区别。

第二，明确需要确定元数据方案的电子文件类型。不同的文件类型在文件级次往往具备一些不同的元数据，如发文的签发者，合同的甲方、乙方、合同金额等。可以设置一个通用的元数据集，在此基础上再逐一明确各文件类型个性化的元数据。

第三，定义和标识元数据实体。参照文件元数据模型所定义的实体，采用其中的一个或多个实体，或者扩展出其他实体。

第四，明确各实体的元数据元素。按照模块化设计思路，描述实体各类属性的元数据元素的含义、目的及其相互关系。

第五，建立元数据赋值规则。必须明确规定每个元数据元素的赋值范围、赋值格式、赋值方式。赋值方式以系统自动赋值为最好，下拉菜单选择次之，应尽量减少完全人工输入的情况。

第六，建立元数据管理规则，如存取权限、导入导出格式等。

# 84. 影响电子文件安全的主要技术因素有哪些

(1) 软硬件漏洞

电子文件是在信息系统中产生的,信息系统本身的固有特点有可能就是电子文件安全管理的风险因素,如硬件物理特性、软件漏洞等。其中物理设备为电子文件信息提供了存储介质、传播通道以及处理元器件,可能发生物理连接错误、物理连接中断、信号辐射、信息载体老化等问题。软件漏洞的存在则给病毒、蠕虫、木马、黑客工具等恶意程序的传播和攻击提供了机会,对电子文件质量构成直接威胁。

(2) 病毒风险

计算机病毒实际上是指隐藏在合法程序中的一种程序段,它具有自我繁殖扩散的能力,能够将自身复制到其他合法程序或数据文件中。它具有破坏性、传播性、潜伏性和扩散性等特点,同生理学上的病毒表现特点类似,所以使用"病毒"的概念来描述它。一旦宿主程序被激活,病毒程序便开始运行,并伺机进行传播。随着 Internet 的发展,计算机病毒的种类大量增加,传播范围也急剧扩大,而且扩散速度大大加快,破坏性也越来越大。

(3) 系统设计风险

随着电子文件应用系统的不断深化,系统功能越来越全面,结构越来越庞杂,也就越来越难以保证系统的严密性。系统中常存在不少设计漏洞。比如,有不少电子文件生成系统未能完整捕获电子文件的元数据,影响电子文件证明业务活动全貌的能力;一些电子文件管理系统不能及时归档保存重要的电子文件,造成电子文件不完整,等等。

# 85. 影响电子文件安全的主要自然与社会因素有哪些

(1) 保管场所因素

保管场所因素主要包括库房环境因素和基础设施因素，包括库房、温湿度、电磁环境、机房、电源等。不适宜的保存场所条件可能导致电子文件质量缺损。如计算机硬件作为一种高精密电子仪器设备，性质不稳定，对外部自然环境要求较高。当电场强度过高时，弱信号电路就不易正常工作，当磁感应强度过大时，磁记录设备中的数据就易遭到破坏等；不少元部件要求电源的电压、频率保持稳定，否则就会受损。因此，保管场所的条件一旦恶化，生成和管理文件的信息系统就容易出现硬件故障。

(2) 天灾人祸因素

天灾包括水灾、地震等，自然灾害对防范不足的电子文件资源而言是毁灭性的。人祸包括人类社会的暴力、战争、盗窃、破坏、交通事故等人为灾害，同时有相当比例的火灾也属于人祸因素。虽然人祸系社会现象，但是它与天灾一样属于不可抵抗力，对信息及其生存环境可能造成难以弥补的损失。天灾和人祸是造成数字信息丢失的重要原因。美国ABC公司的调查表明，在造成数据丢失的原因中，暴风雨占 9.4%，火灾或爆炸占 8.2%，水灾占 6.7%，地震占 5.5%。[1]

---

[1] 参见冯惠玲等：《电子文件风险管理》，31 页，北京，中国人民大学出版社，2008。

## 86. 影响电子文件安全的主要管理因素有哪些

(1) 规范缺失

电子文件安全管理相关规范缺失主要表现在法律法规不完善、文件制度不完善等方面。信息安全法律法规不完善主要指当前约束信息行为的法律法规还很不完善，存在很多漏洞，这就给信息窃取、信息破坏者以可乘之机。

(2) 权限管理不当

权限管理是安全管理的重要组成部分，它规定了用户与管理对象之间的授权关系，首先需要在管理上做出规定。大量实践表明，权限管理不当会引发电子文件管理的混乱，也包括安全事故的发生。如信息泄露、非法使用、窃听、假冒等安全事件有不少是因为权限管理失当直接导致的。

(3) 人员管理疏漏

电子文件管理涉及的人员主要包括主管领导、信息技术人员和文件管理人员、内部用户等。可能威胁到文件管理质量的人员因素包括观念问题、技能缺乏、人才不足等。其中观念问题是指管理人员对电子文件及其管理没有明确或正确的认识，安全意识淡薄，从而在实际工作中采取不作为态度，采用片面甚至是错误的工作方法，如认为电子文件不需要长期保存，认为电子文件管理只是信息技术人员的职责，认为电子文件信息安全威胁全都来自技术因素和外部非法用户等。技能缺乏主要表现在管理人员在知识、素质、能力上的不足，如不执行有关制度规定，采用不规范的文件管理方法，操作失误（误删除、误发送等）等。

# 87. 如何开展电子文件安全风险评估

(1) 明确风险评估的必要性

电子文件安全风险评估是在信息安全领域保证电子文件质量及其安全性的普遍方法。国家信息化领导小组在《国家信息化领导小组关于加强信息安全保障工作的意见》(中办发〔2003〕27号文件) 中明确提出:"要重视信息安全风险评估工作,对网络与信息系统安全的潜在威胁、薄弱环节、防护措施等进行分析评估,综合考虑网络与信息系统的重要性、涉密程度和面临的信息安全风险等因素,进行相应等级的安全建设和管理。"电子文件安全风险评估通常要纳入整个信息系统安全评估之中,在评估中充分考虑到电子文件失存、失真、失用的风险。

(2) 确定风险评估要素

信息安全风险评估涉及资产、威胁、脆弱性、安全防护措施等方面(如图13所示)。应通过系统地分析网络和信息系统等资产所面临的人为或自然的威胁引发信息安全事件的可能性,评估安全事件

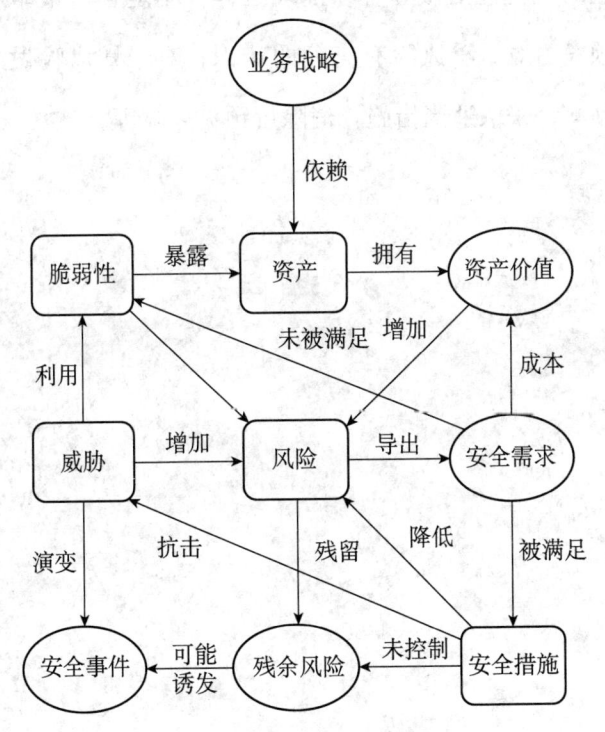

**图 13 安全风险评估要素关系**

发生可能造成破坏的危害程度，有针对性地采用防护对策或改进措施来抵御威胁，将风险控制在可接受的范围之内。

（3）落实组织机构与职责

电子文件管理机构应建立风险评估机构或小组，明确管理人员的责任义务，必要时还可以聘请外部机构专业人员对工作进行介入或指导。风险评估小组的职责包括做好各项前期工作；制定合理策略和预案，对每项风险有充分的认识；对未知风险做好预测；采取适当措施，消除可预见风险等。

# 88. 如何进行电子文件综合安全管理

（1）遵守法律法规

应按照法律的规定保障，包括保证电子文件和数字签名的法律地位，在特定环境下保障电子文件的证据性等。

（2）强化道德规范

在电子文件的接收、利用过程中，双方是不直接面对面的，因此，为防止欺诈行为的出现，还要加强社会道德规范的宣传和教育。

(3) 实施等级保护

所谓等级保护就是对信息安全实行分级保护和等级管理,根据《电子文件管理暂行办法》,各单位应按照国家信息安全等级保护标准和涉密信息系统分级保护管理规定,建立电子文件管理系统和信息内容安全保密防护体系,执行严格的安全保密管理制度。

(4) 完善各类管理制度

电子文件安全问题是一个复杂的管理问题,有必要建立健全较为完善的信息安全管理规范体系,包括确定常规管理制度、备份恢复制度、应急预案制度等。

(5) 加强人员管理

健全的人员管理是安全管理的基础,包括系统各类人员应具备的知识结构、合理分配和有效监督各类人员的管理权限、培训和考核人员等主要内容。人员素质方面,电子文件管理人员应具备合理的知识结构,熟悉电子文件管理。

## 89. 什么是电子文件的认证

电子文件的认证是确保电子文件真实、完整、可用、安全的重要手段,包括电子文件身份的认证和内容的认证。电子文件身份的认证主要是验证电子文件来源的真实性,电子文件内容的认证主要是确保电子文件内容的不可抵赖性和完整性。

一个安全的电子文件认证体制应该至少满足以下要求。

第一,预定的接收者能够检验和证实消息的合法性、真实性、完整性。

第二，消息的发送者对所发的消息不能抵赖，有时也要求消息的接收者不能否认所收到的消息。

第三，除了合法的消息发送者之外，其他人不能伪造合法的消息。认证体制中通常存在一个可信中心或可信第三方，用于仲裁、颁发证书或管理某些机密信息。认证的实用技术主要有数字签名技术、身份识别技术和信息的完整性校验等。

在电子文件的保管和利用中，需要用到大量的信息认证技术。比如对于电子文件的利用者，我们需要对其进行身份验证；对接收保管的电子文件，需要验证有关的数字签名，以确定其文件制作者和法律价值，同时还要验证接收文件内容的完整性、真实性等。

# 90. 电子文件形成单位如何开展电子文件的访问权限控制

访问权限控制就是在身份认证的基础上，根据事先定义好的授权对提出的资源访问请求加以控制。电子文件形成单位在开展电子文件的访问权限控制时，应围绕安全访问策略的制定，理清权限控制的主体和客体资源的类型及其关系，设置不同类别的访问控制。

(1) 确定角色、分组和用户

电子文件管理系统常见的角色有系统管理员、文件管理员、普通用户等。

(2) 明确权限控制的粒度

对于管理电子文件来说,权限控制资源所对应的对象可以是文件、案卷、分类,也可以混合在一起,常见的权限操作类型有增、删、改、查、浏览等。

(3) 设置访问控制策略

访问控制策略包括系统访问权限控制和网络访问权限控制。系统访问权限控制主要设置不同用户及分组对电子文件各级别实体资源(如文件实体资源、案卷实体资源)的访问权限,网络访问权限控制则用于设置用户对网络资源(如 Web 服务器、目录服务器)的访问策略。

(4) 验证权限访问控制是否有效

通过实际操作验证权限控制是否正确有效,并进行反馈修正。

# 91. 电子文件的备份策略包含哪些内容

电子文件的备份策略涉及的因素非常多，需要进行统筹管理。

(1) 备份设备

在进行备份设备的选择时，应结合机构的实际情况进行，有机组合磁带机、磁盘阵列、光盘、硬盘等存储设备，合理设置在线、近线、离线存储备份系统。由于每种存储介质的成本以及存取数据速度都不一样，因而可考虑将长期不访问的文件放到廉价慢速的备份介质中。

(2) 备份地点

电子文件备份管理中，需要有选择性地对长期保存的电子文件进行异地备份。对档案机构这类保存大量电子文件及其备份的机构而言，为防止不可抗拒的自然灾害给存储介质造成毁灭性的破坏，应采取异地备份的方法。

(3) 备份套数

需要根据电子文件的价值和风险评估的结果确定备份套数，按照《电子文件归档与管理规范》（GB/T 18894—2002）的要求，"一式3套，一套封存保管，一套供查阅使用，一套异地保存"。《电子文件归档光盘技术要求和应用规范》（DA/T 38—2008）对归档光盘的备份要求是"普通级归档光盘一式3份，一份供查阅使用，一份封存保管，一份异地保存。频繁级归档光盘一式4份（或更多份），二份供查阅使用，一份封存保管，一份异地保存"。

(4) 备份对象

应将电子文件相关的元数据及背景信息及操作需要的相应软件一起备份保存，以维持基本的完整性和可读性。

(5) 备份介质的管理

须定期对备份介质进行抽样检测。存在问题的存储介质要及时进行迁移；达到使用年限的存储介质，要进行统一更换，被替换的存储介质在继续保存一定时间后，履行相关手续，在由专门人员监督的情况下进行物理销毁。

## 92. 电子签名在电子文件管理中起什么作用

电子签名,是指数据电文中以电子形式所含、所附的用于识别签名人身份并表明签名人认可其中内容的数据。电子签名在电子文件管理中应用广泛,其作用主要包括如下几个方面。

(1) 为电子文件的法律效力提供了保障

数字签名技术的广泛应用和信息社会的实际需求直接推动了《中华人民共和国电子签名法》的颁布与实施,该法第十四条规定:"可靠的电子签名与手写签名或者盖章具有同等的法律效力。"

(2) 为电子文件的安全传输提供了保障

在电子文件交换过程中，文件接收方必须确认两个问题：第一，所接收的文件在传输过程中无篡改；第二，电子文件确由指定的发送方发出，未被伪造，且无法抵赖。而这两个问题的确认可以借助于电子签名相关技术和认证中心（CA）等基础设施来实现，进而确保所接收电子文件的真实性和完整性。因此，电子签名常常应用在交换、传输、捕获、归档、移交等交互性环节。

(3) 有助于提升信息时代电子文件的整体管理水平

电子签名技术和配套法规的实施，促使文件管理部门直面技术变革，积极探索和完善电子文件的科学规范的管理方法，保证电子文件的真实性、可靠性、完整性和技术合规性，从而不断提升电子文件的整体管理水平。

# 标准篇

# 93. 我国电子文件管理标准体系框架是什么

为贯彻落实中共中央办公厅、国务院办公厅印发的《电子文件管理暂行办法》（以下简称《办法》）和《国家电子文件管理工作规划（2011—2015年)》（以下简称《规划》），迫切需要开展电子文件管理标准化工作，探索信息化条件下电子文件管理规律，深入研究电子文件管理标准需求，确定相关标准的范围、边界和关系。为此，国家电子文件管理部际联席会议办公室组织制定了电子文件管理标准体系框架。

电子文件管理标准体系框架由六个维度构成，分别由"基础"、"对象"、"过程"、"系统"、"监督检查"和"应用领域"等六类标准规范组成。基础类标准是电子文件管理总体性、通用性标准规范；对象类标准包括文件实体及其元数据标准；过程类标准包括电子文件的形成办理、归档管理和长期保存等阶段的标准规范；系统类标准是电子文件全生命周期中所使用的设备、软件和技术等所涉及的标准规范；监督检查类标准主要是针对电子文件管理系统和管理工作长效机制的规范；应用领域类标准主要是对应用领域内的电子文件进行规范。

# 94. 我国相关电子文件管理标准有哪些

我国自20世纪90年代起,有关行业就开始对电子文件管理进行了探索,相继在电子文件术语、元数据、技术以及归档管理、长期保存等方面制定了一些标准规范,如国家标准《CAD电子文件光盘存储、归档与档案管理要求》(GB/T 17678—1999)、《电子文件归档与管理规范》(GB/T 18894—2002)等,行业标准《公务电子邮件归档与管理规则》(DA/T 32—2005)、《航空工业电子公文文档一体化管理要求》(HB 7836—2008)等,采纳国际标准

《文献管理 长期保存的电子文档文件格式 第1部分：PDF1.4（PDF/A-1）的使用》（GB/T 23286.1—2009）等。较为完整的标准清单如表3所示。

表3　国内已颁布的电子文件管理标准

| 标准编号 | 名称 |
| --- | --- |
| GB/T 17678—1999 | CAD电子文件光盘存储、归档与档案管理要求 |
| GB/T 17679—1999 | CAD电子文件光盘存储归档一致性测试 |
| GB/T 18894—2002 | 电子文件归档与管理规范 |
| GB/T 20163—2006 | 中国档案机读目录格式 |
| GB/Z 23283—2009<br>ISO/TR 18492：2005，IDT | 基于文件的电子信息的长期保存 |
| GB/T 23286.1—2009<br>ISO 19005—1：2005 Ed.1，IDT | 文献管理 长期保存的电子文档文件格式 第1部分：PDF1.4（PDF/A-1）的使用 |
| GB/T 26162.1—2010<br>ISO 15489—1：2001，IDT | 信息与文献文件管理第1部分：通则 |
| GB/T 26163.1—2011<br>ISO 23081—1：2006，IDT | 信息与文献 文件管理过程 文件元数据 第1部分：原则 |
| GB/Z 26822—2011<br>ISO/TR 15801：2009，IDT | 文档管理 电子信息存储 真实性可靠性建议 |
| GB/T 29194—2012 | 电子文件管理系统通用功能要求 |
| DA/T 15—1995 | 磁性载体档案管理与保护规范 |
| DA/T 31—2005 | 纸质档案数字化技术规范 |
| DA/T 32—2005 | 公务电子邮件归档与管理规则 |
| DA/T 38—2008 | 电子文件归档光盘技术要求和应用规范 |
| DA/T 46—2009 | 文书类电子文件元数据方案 |
| DA/T 47—2009 | 版式电子文件长期保存格式需求 |
| DA/T 48—2009 | 基于XML的电子文件封装规范 |

续前表

| 标准编号 | 名称 |
| --- | --- |
| CJJ/T 117—2007 | 建设电子文件与电子档案管理规范 |
| HB 7836—2008 | 航空工业电子公文文档一体化管理要求 |
| DBJ440110/T 10.1—2008 | 电子文件档案资源管理规范 第1部分：术语和定义 |
| EJ/T 1224—2008 | 核电电子文件元数据 |

# 95. 我国电子文件管理标准制定主要进展如何

自2009年国家电子文件管理部际联席会议成立以来，我国从加强电子文件全生命周期管理需要出发，加大了对标准规范的制定力度。

一是建立了国家电子文件管理标准化协调推进机制，协调推进电子文件管理标准化立项、审查、实施等工作。

二是深入研究《电子文件管理标准体系框架》，确定相关标准的范围、边界和关系，明确了标准体系框架的构成，已印发各地区各部门，供研究工作参考。

三是出台了《电子文件管理系统通用功能要求》，通用功能要求是作为国家标准出台的，将有力规范电子文件管理系统建设。

四是电子文件元数据规范、存储交换格式、归档管理规范、装备规范、测试规范等标准已提交国家标准化管理委员会走发布程序。

五是正在抓紧制定党政机关电子公文相关格式、电子文件归档管理、长期保存需求、标识、涉密标识，电子文件管理术语、电子文件管理系统建设指南、通用电子文件形成办理要求等标准规范。

## 96. 国际标准化组织出台了哪些电子文件管理标准

　　国际标准化组织（ISO）是一个全球性的非政府组织，是世界上最大的国际标准制定和发布机构，其负责发布电子文件管理相关管理标准的主题群体包括国际标准化组织信息与文献委员会（TC46）下设的档案/文件管理分技术委员会（SC11）、文档管理应用委员会（TC171）以及各行业技术委员会。ISO出台的电子文件管理标准覆盖长久保存、存储格式、方法指南、管理流程、管理系统、宏观管理、数据交换、信息安全、应用模型、元数据等方面。

其制定的标准主要包括《信息与文献 文件管理》（ISO 15489）、《信息与文献 文件管理过程 文件元数据》（ISO 23081）、《信息与文献 针对文件的工作流程分析》（ISO 26122）等，较为完整的标准清单如表4所示。

表4　　　　　　　电子文件管理国际标准

| 序号 | 标准编号 | 名称（英文名称及中文译名） | 制定机构 |
| --- | --- | --- | --- |
| 1 | ISO 15489—1：2001 | Information and documentation -Records management-Part 1：General<br>信息与文献 文件管理 第1部分：通则 | ISO/TC 46/SC 11 |
| 2 | ISO 15489—2：2001 | Information and documentation -Records management-Part 2：Guidelines<br>信息与文献 文件管理 第2部分：指南 | ISO/TC 46/SC 11 |
| 3 | ISO 22310：2006 | Information and documentation -Guidelines for standards drafters for stating records management requirements in standards<br>信息与文献 用于标准中陈述文件管理需求的标准起草者指南 | ISO/TC 46/SC 11 |
| 4 | ISO 23081—1：2006 | Information and documentation -Records management processes-Metadata for records-Part 1：Principles<br>信息与文献 文件管理过程 文件元数据 第1部分：原则 | ISO/TC 46/SC 11 |
| 5 | ISO 23081—2：2009 | Information and documentation -Managing metadata for records-Part 2：Conceptual and Implementation issues<br>信息与文献 文件管理过程 第2部分：概念及实施问题 | ISO/TC 46/SC 11 |

续前表

| 序号 | 标准编号 | 名称（英文名称及中文译名） | 制定机构 |
|---|---|---|---|
| 6 | ISO/TR 23081—3：2011 | Information and documentation -Managing metadata for records-Part 3：Self-assessment method<br>信息与文献 文件管理过程 第3部分：文件管理元数据集的评价 | ISO/TC 46/SC 11 |
| 7 | ISO/TR 26122：2008 | Information and documentation-Work process analysis for records<br>信息与文献 针对文件的工作流程分析 | ISO/TC 46/SC 11 |
| 8 | ISO/TR 13028：2010 | Information and documentation -Implementation guidelines for digitization of records<br>信息与文献 文件数字化实施指南 | ISO/TC 46/SC 11 |
| 9 | ISO 16175—1：2010 | Information and documentation -Principles and functional requirements for records in electronic office environments-Part 1：Overview and statement of principles<br>信息与文献 电子办公环境中文件管理原则与功能要求 第1部分：概述与原则综述 | ISO/TC 46/SC 11 |
| 10 | ISO 16175—2：2010 | Information and documentation -Principles and functional requirements for records in electronic office environments-Part 2：Guidelines and functional requirements for digital records management systems<br>信息与文献 电子办公环境中文件管理原则与功能要求 第2部分：电子文件管理系统指南与功能要求 | ISO/TC 46/SC 11 |

续前表

| 序号 | 标准编号 | 名称（英文名称及中文译名） | 制定机构 |
|---|---|---|---|
| 11 | ISO 16175—3：2010 | Information and documentation -Principles and functional requirements for records in electronic office environments-Part 3：Guidelines and functional requirements for records in business systems<br>信息与文献 电子办公环境中文件管理原则与功能要求 第3部分：业务系统中文件管理指南与功能要求 | ISO/TC 46/SC 11 |
| 12 | ISO 30300：2011 | Information and documentation -Management systems for records-Fundamentals and vocabulary<br>信息与文献 文件管理体系 基础和术语 | ISO/TC 46/SC 11 |
| 13 | ISO 30301：2011 | Information and documentation -Management systems for records-Requirements<br>信息与文献 文件管理体系 需求 | ISO/TC 46/SC 11 |
| 14 | ISO 13008：2012 | Information and documentation -Digital records conversion and migration process<br>信息与文献 数字文件转换和迁移过程 | ISO/TC 46/SC 11 |
| 15 | ISO/TR 18492：2005 ISO/TC 171/SC 3 | Long term preservation of electronic document-based information<br>基于文档的电子信息长期保存 | ISO/TC 171/SC 2 |
| 16 | ISO 19005—1：2005 （PDF/A-1） | Document management-Electronic document file format for long-term preservation-part1：use of PDF 1.4（PDF/A-1）<br>文档管理 长期保存的电子文档文件格式 第1部分：使用PDF1 1.4 | ISO/TC 171/SC 2 |

续前表

| 序号 | 标准编号 | 名称（英文名称及中文译名） | 制定机构 |
|---|---|---|---|
| 17 | ISO 19005—2：2011 | Document management-Electronic document file format for long-term preservation -Part 2：Use of ISO 32000—1 (PDF/A-2)<br>文档管理 长期保存的电子文档文件格式 第 2 部分：使用 ISO 32000—1 (PDF/A-2) | ISO/TC 171/SC 2 |
| 18 | ISO 19005—3：2012 | Document management-Electronic document file format for long-term preservation-Part 3：Use of ISO 32000—1 with support for embedded files (PDF/A-3)<br>文档管理 长期保存的电子文档文件格式 第 3 部分：支持嵌入文件的 ISO 32000—1 (PDF/A-2) 的使用 | ISO/TC 171/SC 2 |
| 19 | ISO 24517—1：2008 | Document management-Engineering document format using PDF-Part 1：Use of PDF 1.6 (PDF/E-1)<br>文档管理 使用 PDF 的工程文档格式 第 1 部分：使用 PDF 1.6 (PDF/E-1) | ISO/TC 171/SC 2 |
| 20 | ISO 32000—1：2008 | Document management-Portable document format-Part 1：PDF 1.7<br>文档管理 便携式文档格式 第 1 部分：PDF 1.7 | ISO/TC 171/SC 2 |
| 21 | ISO 32000—2 | Document management-Portable document format-Part 2：PDF2.0<br>文档管理 便携式文档格式 第 2 部分：PDF2.0 | ISO/TC 171/SC 2 |
| 22 | ISO 22938：2008 | Document management-Electronic content/document management (CDM) data interchange format<br>文档管理 电子内容/文档管理（CDM）数据交换格式 | ISO/TC 171/SC 2 |

续前表

| 序号 | 标准编号 | 名称（英文名称及中文译名） | 制定机构 |
|---|---|---|---|
| 23 | ISO 14289—1：2012 | Document management applications-Electronic document file format enhancement for accessibility-Part 1：use of ISO 32000—1 (PDF/UA-1)<br>文档管理 增强获取性的电子文档文件格式 第 1 部分：使用 ISO 32000—1 (PDF/UA-1) | ISO/TC 171/SC 3 |
| 24 | ISO/TR 15801：2009 | Document management-information stored electronically-Recommendations for trustworthiness and reliability<br>文档管理 信息存储电子化 真实性和可靠性建议 | ISO/TC 171/SC 3 |
| 25 | ISO/TR 22957：2009 | Document management-Analysis, selection and implementation of electronic document management system (EDMS)<br>文档管理 电子文档管理系统 (EDMS) 的分析、鉴选和实施 | ISO/TC 171/SC 2 |
| 26 | ISO 10244：2010 | Document management-Business process baselining and analysis<br>文档管理 业务流程基线和分析 | ISO/TC 171/SC 2 |
| 27 | ISO/TR 14105：2011 | Document management applications-Change management for successful electronic document system (EDMS) implementation<br>文档管理 成功电子文档系统 (EDMS) 实施的变革管理 | ISO/TC 171/SC 2 |
| 28 | ISO 14721：2012 | Space data and information transfer systems-Open archival information system (OAIS) -Reference model<br>空间数据与信息传输系统 开放档案信息系统 参考模型 | ISO/TC 20/SC 13 |

# 97. 国际标准 ISO 15489 的主要内容有哪些

《信息与文献 文件管理》（ISO 15489）是国际标准化组织（ISO）颁布的第一个关于文件管理的国际标准，由其信息与文献技术委员会下设的档案/文件管理分技术委员会起草，于 2001 年正式发布，为近 20 个国家、地区所采纳，在全球具有较大的影响力。ISO 15489 以澳大利亚国家标准《文件管理》（AS4390）为基础，并吸纳了全球文件管理的最佳实践，尤其针对电子环境下的文件管理。该标准适用于公共机构或私人机构在开展业务活动过程中形成或收到的所有格式和（或）载体的文件的管理。也适用于个人文件的形成和保管。不适用于档案馆馆藏档案的管理。

ISO 15489 由两部分组成：通用原则和技术报告。其中第一部分描述了文件管理的基本原则和要求，包括介绍了机构内文件管理的内容及其对机构的重要意义，强调了文件管理对于机构业务运行、政策制定、管理决策、法律诉讼和风险管理以及维护机构的支撑作用，提出了文件的真实性、可靠性、完整性和可利用性等管理要求，明确了捕获、登记、分类、利用、跟踪、处置等管理过程及控制要求。第二部分是对第一部分的补充和实施指南，进一步阐明了文件管理过程的程序和方法要求。ISO 15489—1 已经被采纳为我国的国家标准，标准号为 GB/T 26162.1—2010。

ISO 15489 还指出，实施该标准的机构和个人除了利用该标准外，还应该参考其管辖范围内适用的国家标准、立法和规章的要求以及指导方针。

# 98. 国际标准 ISO 23081 的主要内容有哪些

ISO 23081 是文件管理国际标准家族中的一员，它置身于相互配套的一系列文件管理国际标准中。该标准家族由国际标准化组织信息与文献技术委员会下设的档案/文件管理分技术委员会负责起草，以 ISO 15489 为核心。作为整个标准体系的核心，ISO 15489 详细规定了文件管理的职责、目标、流程和方法。ISO 23081 旨在引导机构以合适的元数据管理支撑 ISO 15489 的文件管理框架。

ISO 23081 本身也是配套标准，共包括四个部分。《信息与文献 文件管理过程 文件元数据 第1部分：原则》（ISO 23081—1）阐明了文件管理中元数据管理的原则性、一般性问题，如元数据的视角和作用、元数据管理的角色和职责、文件管理元数据与其他领域中元数据之间的关系、元数据管理流程等，并明确了支持 ISO 15489 的元数据类型。《信息与文献 文件管理过程 文件元数据 第2部分：概念与实施》（ISO 23081—2）则阐明了与元数据实施相关的概念、程序与方法问题，核心内容是元数据概念模型和元数据方案的制订与实施，其构建的由文件、业务、人员、法规、关系等五个实体组成的元数据模型广为采纳。《信息与文献 文件管理过程 文件元数据 文件管理元数据集的评估》（ISO 23081—3）依据 ISO 15489 和 ISO 23081—1 对现有元数据集进行评价。《信息与文献 文件管理过程 文件元数据 实施核查表》（ISO 23081—4）为元数据实施工作提供一份核查清单，该标准正在制定过程中。上述四个部分中，ISO 23081—1：2006 已被采纳为我国国家标准，标准号是 GB/T 26163.1—2010。

## 99. 国际标准 ISO 16175 主要内容是什么

2006年，国际档案理事会（ICA）制定了《电子办公环境中的文件管理原则与功能需求规范》(Principles and Functional Requirements for Records in Electronic Office Environments，ICA-Req)，其主要目标是为电子办公环境中文件生成和管理软件制定全球统一的管理指南与功能需求。该规范系列已被国际标准化组织采纳为 ISO 16175，包括如下三部分。

(1)《信息与文献 电子办公环境中文件管理原则与功能要求 第1部分：概述与原则综述》（ISO 16175—1：2010)

该标准由背景信息、适用机构、基本原则和附录组成，介绍规范的研究范围与研究目标、适用范围、结构，以及该规范的实施问题，如电子业务信息管理成功案例的构成要素、实施的风险问题、经济和组织保障等。

(2)《信息与文献 电子办公环境中文件管理原则与功能要求 第2部分：电子文件管理系统指南与功能要求》（ISO 16175—2：2010)

该标准全面阐述了核心的、可选择的功能要求、应用指南和测评表。该标准主要从文件的生成、维护、提供利用和管理四个方面详细展开，通过捕获，识别，分类，文件真实性和可靠性管理，混合文件管理，文件保存与处置，查找、检索与利用，系统管理八个功能模块详细介绍功能要求。

(3)《信息与文献 电子办公环境中文件管理原则与功能要求 第3部分：业务系统中文件管理指南与

功能要求》(ISO 16175—3：2010)

该标准通过文件生成背景，管理和维护文件，支持系统输入、输出和互操作功能，根据需求保存和处置文件四个模块对业务系统中的电子文件管理功能要求进行介绍和描述。

# 100. 我国 GB/T 29194—2012 的主要内容有哪些

《电子文件管理系统通用功能要求》(GB/T 29194—2012)规定了 ERMS 通用的功能性要求。该标准适用于机关、团体、企业事业单位和其他社会组织对电子文件管理系统的建设、使用和评估,适用于相关企业和科研院所开展相关的科研和教学活动。

《电子文件管理系统通用功能要求》主要包括总则、基本功能要求、可选功能要求三个方面的内容。总则部分明确了 ERMS 的系统定位、功能架构、文件聚合模型、文件信息模型等,其中 ERMS 的功能架构如图 14

图14　ERMS功能架构图

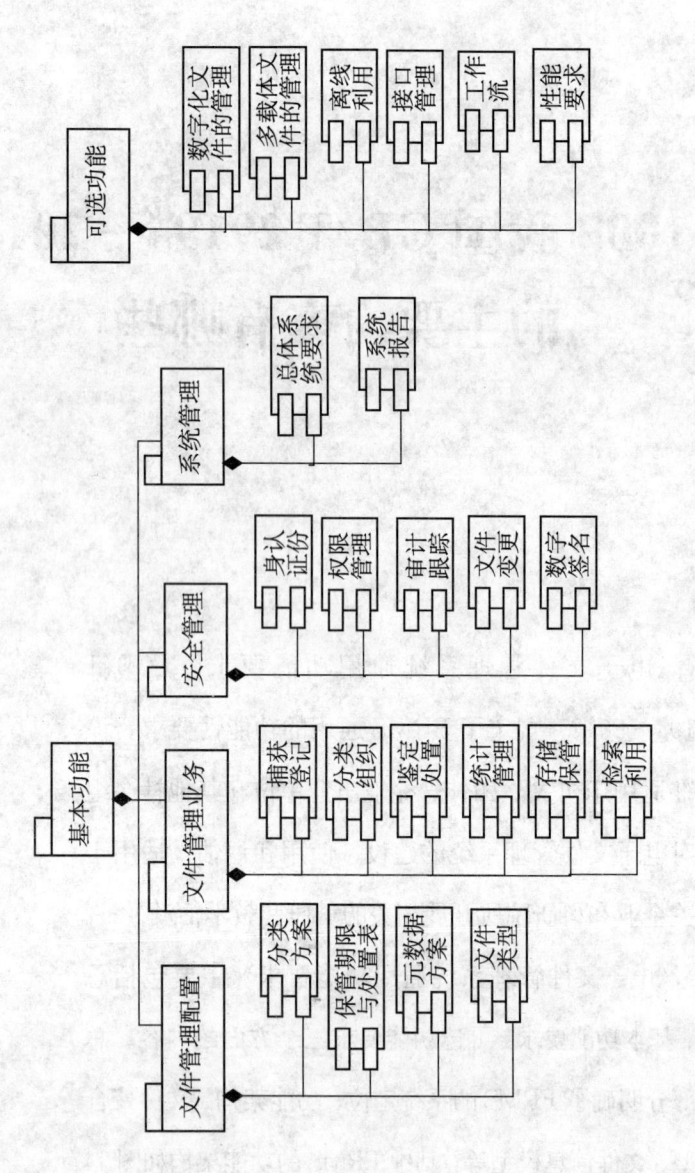

所示；基本功能要求部分阐述了文件管理配置功能、文件管理业务功能、安全管理功能、系统管理功能等四个方面的 ERMS 基本功能要求，是本标准的核心部分；可选功能要求部分阐述了数字化文件的管理、多载体文件的管理、离线利用、接口管理、工作流、性能要求等要求，有条件的机构可以采用。

# 101. 美国 DoD 5015.2 的主要内容是什么

《电子文件管理软件应用系统设计标准》(Design Criteria Standard for Electronic Records Management Software Applications，DoD 5015.2—STD) 是世界范围内影响力最大的电子文件管理系统标准之一。该标准自 1997 年首次公布后，已经成为北美地区政府机构文件管理软件功能的事实标准。目前最新版本是 2007 年 5 月颁布的第三版。

DoD 5015.2 规定了美国国防部各部门使用电子文件管理应用软件所必须满足的强制性基本需

求,并规定了密级标识、存取控制和其他过程以及文件管理应用系统需要的选择性特征,是美国国防部在各业务过程环节上实施文件管理的指南。该标准还依据美国国家档案与文件署(NARA)的要求规定了美国国防部电子文件管理所必须满足的最低功能需求。

2007年版标准正文包括强制性功能需求、选择性功能需求、密级文件管理需求、电子文件移交、遵从隐私权法案等章节。其中,强制性功能需求主要包括实施文件分类方案、文件保管期限、文件声明与归档、电子邮件归档、移交NARA的文件归档、存储文件、重要文件的保存和管理、存取控制、系统审计、产品集成、系统管理要求、其他基本要求等12个方面。选择性功能需求包括由电子文件的获取和利用活动所规定的功能需求、其他有效的功能需求、检索和发现互操作性和获取控制4个方面。密级文件管理需求描述了密级文件管理的相关元数据管理要求,提供了密级的划分、升级、降级等功能。

## 102. 欧盟标准 MoReq2 的主要内容是什么

《电子文件管理通用要求》（Model Requirements for the Management of Electronic Records, MoReq）是欧盟颁布的电子文件管理系统标准，其影响深远。第一个版本 MoReq1 在 2001 年正式发布，2008 年发布第二个版本 MoReq2，2010 年又推出 MoReq2010。该标准拟在欧盟范围内推广，也可被其他地区采用。该标准适用于希望引入 ERMS 或是希望评估现有系统性能的各类机构，它设想的 ERMS 用户不仅包括系统管理员、文件管理者、档案人员,还包括将产生、接收和检索文件作为日常工作一部分的业务人员。这里介绍具有广泛影响力的第二版 MoReq2。

通用性是 MoReq2 主要特点之一,为照顾各地区在实施时进行个性化设置,MoReq2 在本地化时可设置"第 0 章"明确这些个性需求。MoReq2 包括 13 章和 9 个附录,主体内容可划分为功能需求、其他功能需求、性能需求、元数据需求等,如表 5 所示。

表 5　　　　　　MoReq2 的主要内容

| 一级 | 二级 | 内容 |
| --- | --- | --- |
| 分类方案和案卷组织 | 3.1 | 配置分类方案 |
|  | 3.2 | 类目和案卷 |
|  | 3.3 | 子卷和册 |
|  | 3.4 | 维护分类方案 |
| 控制与安全 | 4.1 | 利用 |
|  | 4.2 | 审计追踪 |
|  | 4.3 | 备份和恢复 |
|  | 4.4 | 重要文件 |
| 保管和处置 | 5.1 | 保管和处置期限表 |
|  | 5.2 | 处置复审 |
|  | 5.3 | 移交、导出和销毁 |
| 文件捕获与登记 | 6.1 | 捕获 |
|  | 6.2 | 批量输入 |
|  | 6.3 | 电子邮件管理 |
|  | 6.4 | 文件类型 |
|  | 6.5 | 扫描与成像 |

续前表

| 一级 | 二级 | 内容 |
| --- | --- | --- |
| 参照 | 7.1 | 分类代码 |
|  | 7.2 | 系统识别符 |
| 查询、检索和显示 | 8.1 | 查询和检索 |
|  | 8.2 | 显示：显示文件 |
|  | 8.3 | 显示：打印 |
|  | 8.4 | 显示：其他 |
| 管理功能 | 9.1 | 总体管理 |
|  | 9.2 | 报表 |
|  | 9.3 | 文件修改、删除和编辑 |
| 可选模块 | 10.1 | 物理（非电子）案卷的管理 |
|  | 10.2 | 物理文件的处置 |
|  | 10.3 | 文件管理和协同工作 |
|  | 10.4 | 工作流 |
|  | 10.5 | 案例活动 |
|  | 10.6 | 与内容管理系统的集成 |
|  | 10.7 | 电子签名 |
|  | 10.8 | 加密 |
|  | 10.9 | 数字版权管理 |
|  | 10.10 | 分布式系统 |
|  | 10.11 | 脱机和远程作业 |
|  | 10.12 | 集成传真 |
|  | 10.13 | 安全类型 |
| 非功能性需求 | 11.1 | 易用性 |
|  | 11.2 | 性能和可扩展性 |
|  | 11.3 | 系统可用性 |
|  | 11.4 | 技术标准 |
|  | 11.5 | 法规要求 |
|  | 11.6 | 外包和第三方数据管理 |
|  | 11.7 | 长期保存和技术淘汰 |
|  | 11.8 | 业务流程 |
| 元数据要求 | 12.1 | 原则 |
|  | 12.2 | 一般元数据要求 |

# 103. 澳大利亚 VERS 的标准体系主要内容是什么

1995年，澳大利亚维多利亚州公共文件局（public record office victoria，PROV）启动了"电子文件管理策略"（victorian electronic records strategy，VERS）项目。VERS是一个关于维多利亚州公共机构电子文件管理标准、指导、培训、咨询以及项目实施的整体框架，其核心目标是确保该州公共机构形成和管理的电子文件的可靠性和真实性，从而提高政府公开度和责任感，有效保存数字遗产。在此过程中，PROV推出了一系列标准，核心为5

个技术规范。

《规范1：保存电子文件的系统需求》说明了一个可以长期保存电子文件的管理系统所需具备的所有功能。

《规范2：VERS元数据方案》说明了一个遵循VERS标准的管理系统必须支持的元数据元素及其结构。

《规范3：VERS标准电子文件格式》明确了VERS封装对象格式的技术定义，VERS封装对象格式是保存电子文件的强制性要求，采用XML来描述文件及其元数据。

《规范4：VERS长期保存格式》列举了PROV认为适合于长期保存文档的数据格式。

《规范5：向PROV输出电子文件》列举了PROV在接收电子文件时所认可的载体和机制。

此外，维多利亚州公共文件局还提供了六个建议文档，提供VERS标准的背景信息、说明材料以及支持VERS标准和相关规范的范例，以帮助公共机构理解和实施这些标准。VERS标准整体框架如图15所示。

| 标准99/007<br>电子文件管理 | | |
|---|---|---|
| 建议9：VERS简介 | 99/007 规范1：<br>保存电子文件的系统需求 | 建议10：<br>保存电子文件的系统需求 |
| | 99/007 规范2：<br>VERS元数据方案 | 建议11：<br>VERS元数据方案 |
| | 99/007 规范3：<br>VERS标准电子文件格式 | 建议12：<br>VERS标准电子文件格式 |
| | 99/007 规范4：<br>VERS长期保存格式 | 建议13：<br>VERS长期保存格式 |
| | 99/007 规范5：<br>向PROV输出电子文件 | 建议14：<br>向PROV输出电子文件 |

图15 VERS标准整体框架

图书在版编目（CIP）数据

电子文件管理100问/冯惠玲主编.—北京：中国人民大学出版社，2014.1
　　ISBN 978-7-300-15121-2

　　Ⅰ.①电… Ⅱ.①冯… Ⅲ.①电子档案-档案管理-问题解答 Ⅳ.①G276-44

中国版本图书馆 CIP 数据核字（2013）第 321518 号

**电子文件管理 100 问**
冯惠玲　主编
Dianzi Wenjian Guanli 100 Wen

| 出版发行 | 中国人民大学出版社 | | |
|---|---|---|---|
| 社　　址 | 北京中关村大街 31 号 | 邮政编码 | 100080 |
| 电　　话 | 010-62511242（总编室） | | 010-62511398（质管部） |
| | 010-82501766（邮购部） | | 010-62514148（门市部） |
| | 010-62515195（发行公司） | | 010-62515275（盗版举报） |
| 网　　址 | http://www.crup.com.cn | | |
| | http://www.ttrnet.com（人大教研网） | | |
| 经　　销 | 新华书店 | | |
| 印　　刷 | 北京东君印刷有限公司 | | |
| 规　　格 | 148 mm×210 mm　32 开本 | 版　次 | 2014 年 1 月第 1 版 |
| 印　　张 | 8.375 插页 2 | 印　次 | 2017 年 7 月第 2 次印刷 |
| 字　　数 | 114 000 | 定　价 | 32.00 元 |

版权所有　　侵权必究　　印装差错　　负责调换